Cécile Bertin

LE TOUR du monde en 60 COURSES

VAGNON

Sommaire

Asie 120

Afrique et Moyen-Orient 136

Océanie et extrêmes 158

Préface

Un peu comme tous les coureurs du monde entier, même si je fais partie aujourd'hui d'une Team élite, j'aime choisir mes courses en fonction de leur histoire, de leur prestige ou du défi qu'elles représentent pour moi, et pas uniquement parce qu'il faut y être. Il m'arrive parfois de choisir une destination pour les paysages, ou parce que j'ai très envie d'aller visiter un pays ou une région. Et ma *to do list* continue de se remplir au fur et à mesure que je rencontre des coureurs et que je découvre l'existence de nouvelles courses !

Lorsqu'on est là pour le podium, il n'est pas toujours simple de profiter de la vue mais j'essaie au maximum de prendre le temps de m'arrêter, même quelques secondes, quand j'atteins un sommet, une ligne de crête ou tout simplement une forêt pour m'imprégner du lieu et le mémoriser. À défaut de prendre une photo, j'imprime en moi l'instant présent. J'ai bien essayé de le faire en courant mais immanquablement, cela finit avec les genoux ensanglantés, ce qui est loin d'être une bonne idée ! La nuit, je profite aussi toujours d'un instant pour éteindre ma frontale et admirer les étoiles. En montagne, quand avec un peu de chance, vous n'avez de coureur ni devant ni derrière vous pour perturber ce moment.

Chaque course m'a apporté des moments uniques que je chéris et que je chérirai toute ma vie. La ligne d'arrivée n'étant pas ma seule obsession, tant s'en faut ! Pour moi, la course à pied reste avant tout un prétexte pour découvrir des endroits incroyables à la seule force de mes pieds. Et mon cœur me porte naturellement vers celles où je peux trouver des montagnes, des fleurs et un beau lac alpin !

Courtney Dauwalter

Avant-propos

J'avoue que j'ai tout de suite associé course à pied et découverte du monde puisque j'ai commencé à courir uniquement pour le marathon de New York. Je ne savais pas du tout où je mettais les baskets mais j'avais compris qu'il se passait là-bas quelque chose d'unique que j'avais envie de découvrir à tout prix. Depuis je cours « le monde » même si, bien entendu, je cours aussi juste à côté de chez moi, parce que c'est quand même cette spécificité qui rend notre sport préféré unique. Alors qu'un joueur de tennis ne quitte pas son court, qu'un joueur de foot reste sur un même terrain, nous, les coureurs, on peut explorer le monde sur route ou sur chemin, en forêt ou en montagne, sur dunes ou sur la glace… Toujours le même geste ou presque mais un fond d'écran différent à chaque fois puisque même si on fait la même course tous les ans, la météo lui donnera des couleurs et une saveur différentes. En choisir 60 seulement fut bien entendu très cruel et injuste. Il en manque tant, d'autant qu'il en naît tous les ans puisque notre discipline préférée est en plein essor. Plus qu'une longue liste exhaustive et ennuyeuse, l'idée de ce livre était de vous donner envie de partir à la découverte de nouveaux horizons, de nouvelles destinations. Même si, souvent, la longue distance est mise en avant, pas de panique, la plupart des courses proposent des formats plus accessibles pour que les débutants puissent se lancer sans craindre de devoir abandonner.
Courir a réellement changé ma vie parce que cela m'a permis d'aller à la rencontre d'autres personnes et d'autres cultures puisque nous avions déjà un point commun. J'ai rencontré un vétérinaire spécialiste des félins en Patagonie, une vulcanologue mondialement reconnue sur le bateau en Antarctique, une chirurgienne orthopédique en Bolivie, une avocate française vivant en Arabie à Chamonix… Il n'y a plus de barrières quand on court, même celle de la langue finit par tomber parce qu'entre passionnés on trouve toujours le moyen de communiquer. Accrocher un dossard à son tee-shirt et lancer son chrono, c'est bien, ouvrir les yeux, son âme et son cœur, c'est encore mieux !

Cécile Bertin

Marathon de Paris
Paris vaut bien un marathon !

- **Schneider Electric Marathon de Paris**
- **42,195 km – 304 m D+**
- **Période : avril**
- **Départ : Champs-Élysées – Arrivée : Avenue Foch**
- **Temps maximum : 6 h 30 (la ligne d'arrivée reste ouverte jusqu'au dernier sans classement mais avec la médaille)**
- **Niveau de difficulté : 2/5**
- **Date de création : 1976**
- **Derniers vainqueurs (2023) : Abeje Ayana, 2 h 07 min 15 s / Helah Kiprop, 2 h 23 min 19 s**
- **Site : www.schneiderelectricparismarathon.com**

Le marathon de Paris restera à jamais mon premier ! L'émotion sur les Champs-Élysées à quelques secondes du départ, et la surprise de voir ma maman avec son panneau d'encouragement dans le bois de Vincennes alors qu'elle-même luttait contre la maladie. Les tunnels qui sont autant de passages à l'image de la vie, avec la lumière à laquelle tu t'accroches. Les monuments, les spectateurs qui t'encouragent alors que tu es un inconnu. Et cette dernière ligne vers l'Arc de Triomphe… Inoubliable ! J'ai la chance d'avoir pu revenir le courir plusieurs fois et je ne m'en lasse pas. Chaque marathon est pour moi une occasion supplémentaire de rendre hommage à ma maman depuis disparue.
Charley Bacry, *alias* @bacry

Cocorico, s'il y a un marathon qui peut se prévaloir de mettre en avant la ville qui l'accueille, c'est bien celui de Paris. Et les chiffres ne trompent pas puisqu'ils sont presque 60 000 runners à venir battre le pavé en rythme.
Le premier marathon organisé à Paris ne fut pas un marathon grand public mais un marathon olympique. Le 19 juillet 1896, 4 ans après la renaissance des Jeux à Athènes, c'est notre capitale qui accueille la distance reine. Il faut attendre le 18 septembre 1976 pour qu'enfin la distance soit accessible au grand public, même s'ils ne sont que 126 sur la ligne de départ ! Le parcours n'a alors que peu d'intérêt, les coureurs étant confinés au bois de Boulogne. 1979 : l'idée de relier les mairies d'arrondissement est lancée avec une arrivée sur le parvis de Notre-Dame. En 2005, le parcours, et surtout le fameux départ sur les Champs-Élysées, marque l'entrée du marathon sur la liste des incontournables à avoir fait dans sa vie.

Un départ sur les Champs-Élysées mythique à souhait !

Les premières foulées se courent sur la plus belle avenue du monde mais pas seulement… C'est une vraie visite guidée de la capitale qu'ASO, l'organisateur, offre aux inscrits, d'autant que le nouveau système de « vagues » par petits groupes et en fonction du niveau annoncé permet aux coureurs de ne plus se bousculer et d'avoir la place de la Concorde pour

eux seuls, ou presque ! Le parcours légèrement descendant enflamme dès les premiers mètres et il faut faire attention à ne pas se « cramer » pour profiter pleinement du reste de la visite : Opéra, place Vendôme, Louvre, Châtelet... Le ravitaillement avant la place de la Bastille a été déplacé pour plus de fluidité. Le château de Vincennes passé, un petit tour dans le bois du même nom est l'occasion de souffler et de profiter de la verdure environnante. C'est reparti pour la capitale en empruntant les quais qui permettent aux coureurs d'apercevoir Notre-Dame et sa nouvelle flèche, le musée d'Orsay, le Trocadéro et la tour Eiffel.

Une nouvelle fin pour plus d'ambiance !

Les quelques tunnels rappellent douloureusement au coureur qu'il aurait dû faire un peu de travail en côte lors de sa prépa. Les coureurs les adorent ou les détestent, ou les deux à la fois ! L'organisation essaie, avec des animations façon Ibiza, de donner le rythme aux jambes qui commencent à fatiguer. Maison de la Radio, il est temps de plonger dans le 16e arrondissement avec un faux plat montant qui arrive au plus mauvais moment. Mais ce n'est pas le moment de faiblir, l'hippodrome d'Auteuil n'est déjà plus qu'un mauvais souvenir et les rues de Paris sont de nouveau là, avec la nouvelle boucle inaugurée en 2023 qui limite l'ennui du bois de Boulogne, et permet aux spectateurs de venir soutenir leur champion jusqu'au dernier moment. S'il faut le finir en 6 h 30 pour espérer sa médaille remise sur la grande avenue, l'organisation prévoit un accueil sur la contre-allée pour permettre à un maximum de coureurs d'être déclarés finishers. Paris est une fête et le restera longtemps !

BON à SAVOIR

Le dernier Français à avoir gagné le marathon de Paris est Benoît Z en 2002, il est temps de relever le défi ! Privilégiez les transports en commun pour venir au départ. Se garer est quasi impossible. Pensez à négocier avec votre hôtel l'accès à une douche, beaucoup proposent de laisser une chambre à tous leurs clients marathoniens. Si vous avez un fan-club, évitez les zones de ravitaillement, il est très compliqué de voir quelqu'un dans la foule à l'arrêt. Respectez votre heure de convocation, aucun intérêt d'attendre debout des heures, vous ne pourrez entrer dans votre sas qu'au dernier moment !

Marathon d'Annecy
Il n'y a pas que le trail dans la vie !

- **Marathon International du Lac d'Annecy**
- **42,195 km – 100 m D+**
- **Période : avril**
- **Départ et arrivée : Le Pâquier d'Annecy**
- **Temps maximum : 5 h 30**
- **Niveau de difficulté : 2/5**
- **Date de création : 1980**
- **Derniers vainqueurs (2023) : Martin Cheruiyot, 2 h 12 min 57 s / Ruth Waithera Karanja, 2 h 43 min 14 s**
- **Site : event.ahsa-athletisme.com**

J'ai couru ce marathon pour la première fois en 2023 dans l'idée de courir un marathon local puisque j'habite en Haute-Savoie. Aucun doute là-dessus, le parcours est plat et roulant, il y a très peu de virages, ce qui permet de maintenir ses allures. Le seul inconvénient reste le long aller-retour sur le bord du lac qui peut être gênant pour celles et ceux qui craignent la lassitude d'un paysage constant, mais surtout parce qu'il y a souvent du vent sur le retour. J'ai eu le privilège de disposer de mes propres ravitaillements tous les 5 km (gérés par l'organisation pour les coureurs élites) et dans le cadre d'une recherche de performance, c'est une vraie valeur ajoutée. Le cadre est magnifique, entre lac et montagnes, et cela devrait motiver les spectateurs à venir encourager les coureurs. Ils étaient peu nombreux sur la partie piste cyclable du parcours, c'est vraiment dommage parce que c'est très motivant.
Julien Masciotra, 3e de l'édition 2023 en 2 h 29 min 0 s

Annecy est devenu en quelques années La Mecque des traileurs français. Bon nombre d'entreprises de l'univers Outdoor y ont installé leurs bureaux, permettant à leurs employés passionnés de trail, de ski de randonnée et de parapente de profiter de la pause déjeuner pour filer au sommet du Mont-Veyrier. Mais ce serait oublier un peu vite qu'Annecy accueille depuis 1980, un marathon considéré comme idéal pour réaliser son RP*. Annecy est connu dans le monde entier pour son lac… Et comble de l'ironie, il fait 40 km de circonférence, ce qui aurait presque pu en faire un parcours idéal pour un marathon. Mais l'organisation en a décidé autrement et c'est sur la rive ouest que les coureurs restent pour admirer à l'aller et au retour les Aravis, ce massif alpin grandiose s'il en est.

Un lac, la montagne… Et un parcours ultra-roulant…

Avec un dénivelé de 100 m alors que Paris en annonce 120 et le très cassant New York, 300, on comprend aisément pourquoi nombre de coureurs français le choisissent pour espérer s'améliorer. Avec un léger faux plat montant à l'aller, et donc un léger faux plat en descente lors du retour, il n'y a aucune difficulté

* Record personnel.

notoire à signaler. La course utilise la piste cyclable qui fait le tour du lac, ce qui rend l'organisation d'autant plus simple, puisque cela ne nécessite pas de bloquer la circulation sur la totalité du parcours.

Pour une arrivée historique et verte à souhait !

L'arrivée se déroule sur Le Pâquier – mot patois signifiant « pâturage » –, vaste esplanade et havre de verdure sur les bords du lac, point de rendez-vous incontournable des Annéciens pour un pique-nique ou un après-midi les pieds dans l'eau douce. Avant d'en finir, le coureur a l'occasion d'un dernier selfie avec le pont des Amours en fond, autre lieu signature d'Annecy. Construit en bois en 1845 pour la visite du roi Charles-Albert de Savoie, il devient métallique et définitif au début du xxe siècle. Quoi de plus logique, finalement, que la grande histoire rencontre l'histoire de la course à pied pour cet événement qui est un des plus anciens marathons français ?

BON à SAVOIR

Non seulement le parcours est roulant mais la date retenue – le mois d'avril – en fait un marathon de printemps idéal puisqu'il permet une préparation parfaite à la sortie de l'hiver. La météo est généralement en faveur des coureurs même si on a vu quelques éditions pluvieuses. L'avantage d'une destination touristique, c'est que l'offre hôtelière est riche. La gare n'est qu'à une dizaine de minutes de marche du lac, idéal pour privilégier le train. Pour « décrasser » le lendemain du marathon ou pour éviter de se fatiguer la veille, le tour du lac à vélo est une bonne idée. Un conseil ? Effectuez le parcours dans le sens des aiguilles d'une montre, pour prendre la côte de Talloires dans le bon sens et éviter un effort trop important. Début mai, il existe une version nocturne, le marathon du Clair de Lune, qui fait vraiment le tour du lac, et qui se court à guichets fermés tous les ans, le nombre de places étant vraiment limité.

Marathon de Londres
Là où tout a changé !

- TCS London Marathon
- 42,195 km – 127 m D+
- Période : avril
- Départ : Greenwich – Arrivée : The Mall – Londres
- Temps maximum : 8 h
- Niveau de difficulté : 2/5
- Date de création : 1981
- Derniers vainqueurs (2023) : Kelvin Kiptum, 2 h 01 min 25 s / Sifan Hassan, 2 h 18 min 33 s
- Site : www.tcslondonmarathon.com

Londres en quelques mots ? Une ferveur populaire unique, une ambiance incomparable, presque mieux que New York puisque j'ai eu la chance de courir les deux, un finish de folie avec des monuments dont la célèbre Big Ben, et un côté très inclusif grâce aux meneurs d'allure pour tous les niveaux. Je n'ai jamais vu des meneurs en 7 h 15, 7 h 30 ! Bref, une organisation parfaite où les passages qui pourraient être ennuyeux sont compensés par un public en délire. Il faut quand même faire attention à ce début en faux plat descendant, d'autant que les départs, bien organisés et parfaitement à l'heure n'entraînent pas les ralentissements habituels sur les « grosses » courses. Je n'ai jamais eu l'impression de foule oppressante. Un seul très gros défaut et non des moindres : des déchets partout... Il devient urgent que ce marathon major entame sa révolution verte !
Laura, *alias* @foutrak

Trois marathons ont écrit l'histoire de la distance : le premier, qui puise son origine en Grèce, celui de Boston pour sa longévité et sa scandaleuse bousculade, et enfin celui de Londres. On retient de ce dernier son ambiance de folie du début à la fin, cette course étant une des rares où le coureur peut souffrir de crampes et de surdité passagère tellement les cris et les encouragements sont bruyants.
S'il y a des doutes sur la naissance du marathon, une réalité s'impose : la distance entre la ville de Marathon et celle d'Athènes est de 40 km, pas un de plus. Les premières éditions olympiques respectaient cette tradition. 1908, la ville de Londres est choisie et, caprice de reine oblige, le comité d'organisation décide de faire partir la course devant les fenêtres du château de Windsor. Alexandra, l'épouse d'Édouard VII, souhaite en effet admirer avec toute sa famille les valeureux coureurs mais la présence de femmes dans le stade n'est pas encore vraiment acceptée. Ce crochet allonge la distance d'un peu plus d'un mile, soit 41,8 km. On rajoute un tour de stade pour finir au pied même de la loge royale et voilà comment on obtient la distance improbable de 42,195 km, officialisée en 1924.

Un marathon historique s'il en est !

Le parcours du marathon actuel est également royal puisqu'il termine juste à côté de Buckingham Palace. Il n'est pas rare d'apercevoir l'héritier du trône britannique sur la ligne d'arrivée.
Le record féminin de l'Anglaise Paula Radcliffe,

établi en 2003, 2 h 15 min 25 s, a tenu jusqu'en 2019 ! il faut dire que les sept premiers kilomètres sont en faux plat descendant. Mais c'est surtout pour sa visite touristique que ce marathon plaît au plus grand nombre : *Cutty Sark*, le célèbre navire, est au 10e kilomètre et marque le début de ce qu'on pourrait appeler une « balade le long de la Tamise », le fleuve servant de fil rouge pour le coureur. Au 20e kilomètre, la traversée du célèbre Tower Bridge marque le changement de rive et les esprits. Tour de Londres, Trafalgar Square, colonne de Nelson, Parlement, St James Park... Un coucou au nouveau roi et il est temps d'accélérer pour passer la ligne d'arrivée en héros !

BON à SAVOIR

La loterie du marathon de Londres reste un grand mystère... Si vous allez courir là-bas, ce sera soit par une agence de voyages, soit par le système des *charities* qui permet d'obtenir un dossard *via* une collecte de fonds pour une association. L'aire de départ est située en périphérie de la ville, un véritable écrin de verdure qui tranche avec le reste du parcours. Tout le monde part en même temps mais il y a en réalité trois départs différents pour éviter les embouteillages. Le départ bleu et le vert fusionnent au 2e kilomètre, avant de fusionner avec le rouge au 5e. Comme souvent sur les marathons internationaux, il n'y a que du « liquide » sur les tables de ravitaillement. Le *Guinness des records* a passé un accord avec le marathon de Londres pour valider de façon officielle les records les plus fous... Cela explique la présence de personnes en talons aiguilles, avec un scaphandre ou déguisées en dinosaure... En 2023, il y a eu 73 records délirants tentés ce jour-là.

Marathon de Berlin
Ich bin ein Berliner !

- **BMW Berlin Marathon**
- **42,195 km – 20 m D+**
- **Période : septembre**
- **Départ et arrivée : parc großer Tiergarten**
- **Temps maximum : 6 h 15**
- **Niveau de difficulté : 2/5**
- **Date de création : 1974**
- **Derniers vainqueurs (2022) : Eliud Kipchoge, 2 h 01 min 09 s / Tigist Assefa, 2 h 15 min 37 s**
- **Site : www.bmw-berlin-marathon.com**

J'ai choisi le marathon de Berlin pour plusieurs raisons : la date (fin septembre, c'est l'idéal pour faire une prépa pendant l'été) et surtout, c'est un « major ». Mon premier essai à la loterie fut un essai gagnant ! Je m'attendais à de la rigueur (surtout pour un marathon majeur) et pas de doute, elle était au rendez-vous, mais sans le petit plus qui fait basculer dans l'exceptionnel. Je suis arrivée le matin vers 7 h 45, en suivant le flot des coureurs. J'ai attendu 23 minutes avant le départ des premiers pour m'élancer à mon tour à la poursuite de ma 13e étoile. J'ai pris énormément de plaisir durant cette course avec un petit creux vers le 37e kilomètre. J'ai couru sans pression en admirant les monuments. J'ai terminé avec le sourire. Un flot d'émotions m'a assaillie quand trois personnes sont venues me remercier parce que je leur avais servi de meneur sans le savoir. Elles avaient le sourire aux lèvres, c'était magique. Je me suis mise à pleurer, des larmes que je n'arrivais pas à arrêter. Une bénévole inquiète m'a recueillie dans ses bras. Elle m'a demandé si j'étais heureuse de ma course et je lui ai répondu que oui. Mais je n'arrivais pas à arrêter de pleurer… Se mettre dans des états pareils pour une course, ce n'est pas sérieux !
Laetitia Froment, *alias* @from_l

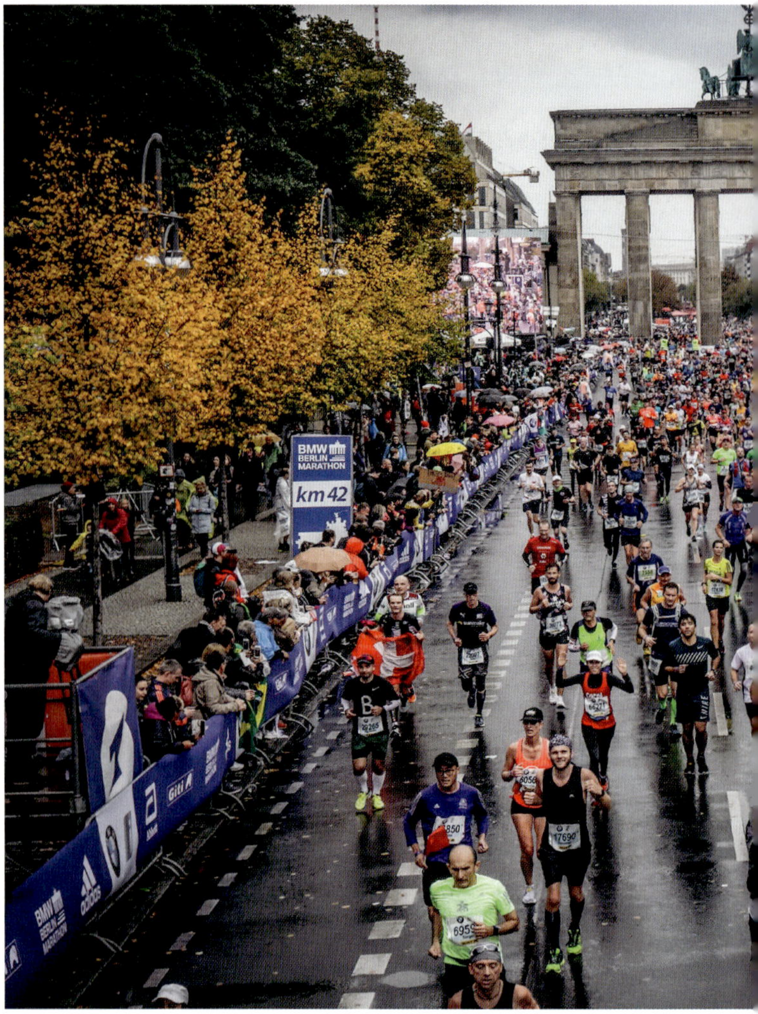

Le marathon de Berlin, c'est avant tout celui d'une ville qui a connu les affres de la guerre, un mur la séparant en deux avant une réunification restée dans la mémoire collective de l'Europe. Avec une histoire pareille, la course ne peut que faire partie de la liste des plus belles du monde.
En 1974, date de naissance du marathon, ils ne sont que 286 participants à parcourir 42 km dans les rues de Berlin-Ouest. Année après année, l'engouement pour la discipline est tel que le parcours évolue et prend suffisamment d'ampleur pour avoir droit à un départ devant le Reichstag, le Parlement allemand, et une arrivée sur le Kurfurstendamm, les Champs-Élysées locaux. L'édition qui a le plus marqué les esprits restera à jamais celle du 30 septembre 1990… trois jours seulement avant la date officielle de la réunification allemande et moins d'un an après la chute du mur (9 novembre 1989). 25 000 coureurs franchissent alors la porte de Brandebourg qui séparait la capitale en deux, symbole s'il en est qu'une révolution est en marche et que personne ne pourra l'arrêter.

Un parcours ultra-roulant pour un RP assuré !

Avec seulement 20 m de dénivelé positif, le marathon de Berlin se classe aisément dans le top 3 des courses les plus « roulantes » du monde, d'autant que cette absence de difficulté est associée à un parcours présentant de longues lignes droites. Il emmène les participants dans une véritable visite de la ville avec la Siegessäule, ou colonne de la Victoire qui commémore les campagnes prussiennes de 1864, 1866, et 1870 contre le Danemark, l'Autriche et la France. Au 9e kilomètre, le Berliner Dom n'est rien d'autre que la majestueuse cathédrale de la ville. La Fernsehturm, la tour de télévision haute de 368 m, le pendant de notre tour Eiffel, marque le 11e km. Après une visite du parc de Schöneberg, il est temps d'attaquer la partie ardue puisque le 30e km est déjà là. Mais il est difficile de se plaindre lorsqu'on passe devant la tour restante de la Kaiser-Wilhelm-Gedächtniskirche, l'église du souvenir que le bombardement de Berlin a quasiment détruite. Brandebourg est enfin là et la délivrance de la ligne d'arrivée avec elle !

BON à SAVOIR

On peut s'y rendre grâce à trois options comme souvent sur les majors, soit un tirage au sort, un temps qualificatif ou un tour-opérateur. Avec plus d'un million de spectateurs dans la rue et plus de 70 orchestres en live, les écouteurs ne sont pas indispensables pour vivre à fond l'ambiance de ce marathon. Point négatif : l'absence du tee-shirt finisher qui, depuis plusieurs années, n'est pas offert, il faut l'acheter sur le village. Attention à regarder où l'on met ses pieds ! Il y a de nombreux tramways dans la ville et les rails au milieu de la route peuvent entraîner une chute. Les ravitaillements sont assez basiques et celui de l'arrivée mériterait d'être un peu étoffé. Le nombre hallucinant de toilettes compense tout cela !

Marathon de Florence
Pour une renaissance !

- **42,195 km – D+ quasi nul**
- **Période : novembre**
- **Départ et arrivée : Piazza Duomo**
- **Temps maximum : 6 h 15**
- **Niveau de difficulté : 2/5**
- **Date de création : 1984**
- **Derniers vainqueurs (2022) : Debele Kebede Fikadu, 2 h 08 min 45 s / Bayisa Tesema Atsede, 2 h 25 min 12 s**
- **Site : www.firenzemarathon.it**

Ce marathon a une signification particulière pour moi. Je sortais de plusieurs mois de traitement pour mon cancer du sein et la course se déroulait deux mois seulement après l'arrêt de mes traitements. C'était un peu fou mais j'en avais besoin. Une amie m'a annoncé qu'elle viendrait avec moi alors qu'elle n'avait jamais couru de marathon ! Mais elle ne voulait pas me laisser seule. On est donc parties toutes les deux avec des meneurs d'allure aux petits soins pour moi dès qu'ils ont appris mon histoire. L'ambiance dans notre groupe était formidable et cela a beaucoup aidé, surtout pour la première partie du marathon qui n'est pas la plus intéressante. La deuxième partie, la partie historique est quant à elle un plaisir pour les yeux. Restaurants, glaciers, musées... On a bien profité de notre séjour. J'ai adoré qu'il y ait un ravitaillement dans le sas de départ, je n'ai jamais vu ça ailleurs ! Un seul regret : le retrait des dossards situé un peu à l'extérieur de la ville qui fait perdre une demi-journée de visite.
Nadia *alias* @nadiarunsparis

Pourquoi avoir choisi le marathon de Florence plutôt que celui de Rome ou Venise ? Le marathon de Rome, même s'il est superbe, avec ce qu'il faut de monuments à admirer, n'est pas des plus roulants avec ses 6 km de pavés qui peuvent se révéler très cassants ou très glissants si la météo n'est pas au rendez-vous. Quant à celui de Venise, il faut attendre les derniers kilomètres pour poser un pied dans la Sérénissime. À Florence, le marathon est historique et roulant à souhait, idéal pour une première expérience en dehors de France.
Le parcours se concentre au nord de l'Arno, en bonne partie le long de ses rives. Qui dit fleuve dit pont, et non des moindres, puisque la course emprunte le célèbre Pont alla Vittoria connu pour avoir été le lieu de la bataille de Vittorio Veneto en 1918, marquant la fin de l'Empire austro-hongrois grâce à la victoire des Italiens. Plus connu des touristes, le fameux Ponte Vecchio fait lui aussi partie du parcours, sans oublier ceux d'alle Grazie et San Nicolo. Originalité, le marathon ne passe plus à proximité du stade Artemio-Franchi mais dedans pour un tour de piste des plus motivants !

Une vraie visite touristique baskets aux pieds avec le Duomo sur la ligne d'arrivée !

Parmi les monuments que le coureur pourra admirer, difficile de ne pas parler de la forteresse de Basso, de la basilique Santa Croce et de la fameuse cathédrale du Duomo, non loin du départ et de l'arrivée. Un peu de verdure est même prévue avec la traversée du parc de la Cascine. Il y a forcément des pavés mais ils sont très serrés et finalement pas trop gênants si on vient dans l'idée de battre son RP. Attention à être attentif, certaines chutes peuvent advenir chez les coureurs les plus fatigués… Ce marathon a ses défauts, le public n'est pas des plus présents et la date, fin novembre, peut aussi être synonyme de vent frais voire de pluie mais Florence est une ville superbe qui vaut la peine qu'on vienne la visiter baskets aux pieds.

BON à SAVOIR

Il existe des trains de nuit pour rejoindre Florence mais ils sont rares et partent de Paris. Autre solution : l'avion, mais les vols directs sont chers. Bon nombre de marathoniens prennent l'option aéroport de Pise pour ensuite prendre soit un bus, soit un train et rejoindre la ville. Pour les visites, le City Pass permet de réserver des créneaux dans les principaux musées et d'éviter la queue. On l'achète en France et il se télécharge sur le smartphone. On n'oublie pas qu'en Italie, dans les restaurants, on peut avoir à payer pour les couverts et la carafe d'eau. Pensez à regarder sur la carte le coût du « *pane e coperto* » pour ne pas être surpris au moment de la note !

35e
THE LEGENDARY
MARATHON
DES SABLES
SOLIDARITÉ
MARATHON DES SABLES
Dorian - FRA

Dorian Louvet
alias @dorian_kohlanta

L'ultra-polyvalent

Records

- 31 min 38 s, 10 km Adidas Paris, 2023.
- 2 h 23 min 19 s, Schneider Electric Marathon de Paris, 2023.
- 1 h 08 min 25 s, semi de Paris, 2023.

Je vais être parfaitement honnête, il y a dans ma carrière de sportif un vrai « avant-après » la médiatisation. Avant d'être « connu », puisqu'il est important de le rappeler, je suis athlète depuis de nombreuses années, je choisissais mes courses en fonction du parcours et de la concurrence présente ce jour-là. J'avais un objectif de performance donc peu m'importait réellement le lieu, il fallait qu'elles soient adaptées pour me permettre de réaliser le meilleur temps possible. J'étais réellement dans une idée d'optimisation de la performance avant tout. Aujourd'hui, l'événement en lui-même a pris le dessus. Un exemple ? Je viens de participer deux années de suite au marathon de Paris, qui n'est pas le plus adapté à une performance mais c'est le plus grand marathon de France. Je me dois d'y être présent pour courir, mais aussi pour aller à la rencontre de la communauté qui me suit via les réseaux sociaux. Pour les trails, c'est un peu la même chose et j'ai la chance d'être invité à des courses superbes, donc j'en profite pour découvrir des lieux auxquels je n'aurais pas forcément pensé.

Je ne profite pas vraiment des paysages qui m'entourent. Je suis concentré sur ma course et je serais incapable de refaire le parcours. Je suis le balisage, je ne vois pas le paysage ! J'ai même raté la tour Eiffel cette année au marathon de Paris, c'est dire ! Mais en trail, j'essaie de lever la tête pour profiter de ce qui m'entoure parce que j'ai conscience que j'ai de la chance d'être sur les lieux et qu'il est important de s'imprégner de l'ambiance, de la nature. Ma plus belle course à ce jour est la Diagonale des Fous, pas uniquement pour le parcours, plutôt pour tout ce qu'elle a représenté pour moi. Je suis allé chercher au fond de moi-même des ressources insoupçonnées pour la finir, c'était la première fois que je sortais autant de ma zone de confort. Dernièrement, j'ai pu apprécier la beauté du marathon du Mont-Blanc, que j'ai couru avec des conditions météo parfaites, ce qui change la donne. Sur route, je n'ai que l'expérience du marathon de Paris pour le moment mais je rêve d'en découvrir d'autres en Europe.

Mes meilleurs moments restent les lignes d'arrivée, symboles d'un accomplissement, du travail accompli les semaines qui précèdent. C'est là que je ressens le plus de bonheur en course. Il y a beaucoup de moments forts « pendant », qui sont des moments difficiles où je dois aller chercher au fond de moi-même l'énergie pour avancer. Je me souviens d'un moment compliqué au marathon des Sables. Je suis resté à l'arrêt pendant 3 heures, déshydraté. Beaucoup auraient choisi de rendre leur dossard mais j'ai laissé passer l'orage et je suis reparti. Cette ligne d'arrivée reste un des moments les plus incroyables pour moi. Je me sens plus vivant et plus heureux que jamais sur une ligne d'arrivée !

Marathon du Mont-Blanc
Le trail des « débutants »

- **42,195 km – 127 m D+**
- **Période : juin**
- **Départ et arrivée : Chamonix**
- **Temps maximum : 10 h**
- **Niveau de difficulté : 4/5**
- **Date de création : 1979**
- **Derniers vainqueurs (2023) : Rémi Bonnet, 3 h 35 min 04 s / Sophia Laukli, 4 h 12 min 39 s**
- **Site : www.marathonmontblanc.fr**

Le marathon du Mont-Blanc est une course mythique, par son lieu de départ et d'arrivée mais aussi par son parcours : l'aiguillette des Posettes et la montée à la Flégère offrent de superbes points de vue. Quand on est sur le balcon, avec vue sur le Mont-Blanc on a beau avoir mal partout, on oublie tout tant le paysage est beau. À la Flégère, c'est gagné. En 2022, j'étais accablée par cette montée finale mais après avoir rejoint le ravitaillement, j'ai compris qu'il ne me restait plus qu'à descendre vers l'arrivée, et j'ai eu l'impression de voler ! Si ce n'est pas tout de suite la descente, il y a un très beau balcon, avec du caillou pour rappeler aux coureurs que ce n'est pas tout à fait terminé. Aux panneaux « Balcon sud », « Chamonix », plus rien ne peut les arrêter. Je suis arrivée au moment des podiums, il y avait la musique des Golden Trail Series, et beaucoup de monde qui continuait à encourager. C'est une ligne d'arrivée qu'on n'oublie pas ! J'ai eu du mal à la quitter. Le marathon du Mont-Blanc est à faire au moins une fois dans sa vie, parce que c'est la course où les champions se distinguent, où les paysages sont incroyables, sans compter la belle ambiance. C'est un excellent format pour vivre une sacrée aventure.
Laura Costa

Il n'est pas rare de trouver au départ de ce marathon bon nombre de « routards » qui ont envie de découvrir une autre façon de courir. Si la notion de chrono est importante, le fort dénivelé, loin d'être anodin, fait parfois perdre pied aux plus aguerris d'entre eux.
Le marathon du Mont-Blanc a une histoire.
Il s'appelait cross dans les années 1970 et se courait à moitié sur route et à moitié sur les chemins, parfois en relais, chacun choisissant sa partie préférée. Petit à petit, l'événement a grossi, offrant un nouveau parcours, d'autres distances, allant jusqu'à changer sa ligne d'arrivée en 2022. Elle se trouve désormais au niveau du Triangle de l'Amitié, en plein milieu du village. On pourra regretter cette arrivée unique à La Flégère, face au fameux mont mais on y passe toujours avant de filer vers la vallée.

Pour beaucoup de coureurs, la découverte du dénivelé…

Le parcours pourrait presque se résumer à une entrée en matière relativement roulante avant d'attaquer le gros morceau… Ce fameux col des Posettes à 2200 m d'altitude permet à bon nombre de coureurs de découvrir l'intérêt de bâtons pour éviter de finir courbé, les mains sur les cuisses, en train de souffler. Le col passé après une petite balade en balcon des plus charmantes, la végétation étant en fleurs à cette saison, il faut déjà redescendre en veillant à profiter de l'emballement qu'entraîne le dénivelé négatif et en faisant attention à ne pas trop casser

de la fibre* parce que le parcours est loin d'être fini ! Vallorcine est là, son ravitaillement également. C'est très important d'y souffler un peu, de faire le plein d'énergie surtout car, même si le Béchar n'est qu'à 1 700 m d'altitude, la fatigue commence à se faire sentir. D'autant que bon nombre de coureurs du peloton attaquent cette dernière difficulté sous la chaleur, classique en ce début d'été.

Une nouvelle arrivée pour une ambiance décuplée !

Après La Flégère, les 8 km restants sont loin d'être une promenade de santé… Un petit tour d'honneur dans Chamonix et c'est fini. Les premiers sont arrivés avant 11 heures et ont eu largement le temps de se doucher, de déjeuner et de se faire masser quand les derniers passent la ligne d'arrivée vers 18 heures… Deux salles, deux ambiances, mais un seul objectif : en prendre plein la vue pendant quelques heures !

BON à SAVOIR

Attention, les ravitaillements sont ceux d'un trail ! Il faut donc faire attention à la gestion de son eau et de son alimentation, surtout quand la chaleur est au rendez-vous. Ne jamais hésiter à se mouiller dès qu'on passe à côté d'une fontaine ou d'un ruisseau. Le buff devient alors un accessoire indispensable pour maintenir un minimum de fraîcheur au niveau du cou, la casquette étant elle aussi mouillée régulièrement. Acheter une paire de bâtons la veille sans jamais avoir fait de sorties avec n'a que peu d'intérêt, il faut s'entraîner avant pour apprendre à rendre le mouvement efficace. Et surtout, on pense à les marquer parce que sur un ravitaillement, retrouver les siens tient souvent du jeu de Mikado.

* Expression très utilisée par les traileurs pour évoquer la casse de la fibre musculaire lors des chocs que les jambes supportent dans les descentes.

Belle-Île en trail
La possibilité... d'en faire le tour

- **81 km – 2 000 m D+**
- **Période : septembre**
- **Départ et arrivée : Le Palais**
- **Temps maximum : 14 h 30**
- **Niveau de difficulté : 3/5**
- **Derniers vainqueurs (2022) : Yves Heloury, 6 h 29 min 40 s (record) / Lilas Verron, 9 h 12 min**
- **Site : www.belle-ile-en-trail.com**

2007, je pars seul faire le tour de Belle-Île. L'idée m'est venue presque naturellement quand j'ai compris que le GR permettait de le faire. À l'époque, je tiens un blog où je raconte mes courses mais aussi mes défis personnels et je conclus un article sur l'idée d'organiser un ultra-trail sur l'île parce que le paysage y est incroyable. 2009 : Claude, un des membres de l'équipe de bénévoles qui organise des courses sur route sur place, me demande de venir présenter l'idée dans son association. Le projet est lancé et, très vite, soulève l'enthousiasme des traileurs. Il faut dire que tout y est : des paysages superbes, un concept qui parle à tous et le sentiment de vivre une véritable aventure en quittant le continent le temps d'un week-end.
Christophe Malardé, parrain de Belle-Île en trail

Belle-Île en trail, c'est avant tout l'histoire d'un homme qui un jour s'est dit : « Et pourquoi pas ? » Pourquoi ne pas partir faire le tour de la plus grande île bretonne et voir ce que ça donne ? Christophe Malardé ne le sait pas encore, mais ce défi personnel donnera naissance quelques années plus tard à un des trails les plus « courus » de France, où décrocher son dossard relève presque de l'exploit ! Le parcours était là, devant les yeux des organisateurs depuis des années, mais personne n'avait eu, avant Christophe, l'idée de se lancer. Il faut se remettre dans le contexte des années 2000 où le trail n'est pas encore la discipline à la mode que l'on connaît aujourd'hui. D'ailleurs, lorsque les premières réunions ont eu lieu, les bénévoles pensaient partir sur une distance connue comme un semi-marathon mais il a fallu l'audace de Christophe pour les convaincre de se lancer dans le tour complet. Pour les moins entraînés, des distances « plus raisonnables » sont aussi proposées.

Une île, un GR, et l'océan à perte d'horizon !

Le parcours est donc logique mais n'en reste pas moins compliqué. Si le dénivelé reste raisonnable par rapport à la distance, il n'en est pas moins extrêmement cassant. Les barrières horaires sont aussi réelles et il ne faut surtout pas se dire qu'en marche rapide, cela peut passer, ce n'est absolument pas le cas ! Il faudra vraiment se préparer à courir longtemps avant de se frotter à ce trail. Le fait de courir sur un GR rend le terrain peu technique, et même s'il y a des descentes sur les plages, il y a très peu de passages sablonneux. Comme la course traverse toute une zone Natura 2000, les coureurs n'ont par moments pas le droit de doubler ! Il faut absolument rester dans la monotrace et prendre son mal en patience. Autre originalité, le tirage au sort qui priorise les équipes. L'organisation a constaté lors des premières éditions que beaucoup de clubs locaux faisaient de leur course une sortie de club. Avec le premier tirage au sort, bon nombre de déçus, qui avaient été retenus sans leurs petits camarades, ont annulé. Il a donc été décidé de prioriser les groupes qui ont 50 % des dossards. Cela donne au port du Palais le samedi soir des ambiances de fêtes entre marins bien sympathiques et qui font partie de l'ADN de l'épreuve. Cette course est unique, précieuse et intimiste… Une vraie course bretonne !

BON à SAVOIR

Qui dit île dit bateau ! Il faut réserver sa place auprès de la compagnie Océane (www.compagnie-oceane.fr) dès que l'on a confirmation de son dossard. La traversée la plus courte est celle qui part de Quiberon, mais il faut compter 50 minutes. Idéalement, on respecte la volonté écologique de l'organisation et on privilégie le vélo, en laissant sa voiture sur le continent. De même on s'occupe de son logement très rapidement. Même si l'île est touristique et peut se prévaloir d'une offre hôtelière correcte, on ne traîne pas pour les réservations. La préparation se rapproche plus de celle d'un 100 km sur route que d'un trail en montagne. Christophe Malardé, qui est également coach sportif, conseille de veiller à gérer ses allures en évitant de s'emballer dans la première partie pour pouvoir affronter sans marcher les longs plateaux qui arrivent après une vingtaine de kilomètres. Question chaussures, de simples trails suffisent largement, il n'y a pas de terrain vraiment technique, même si la pluie s'invite sur l'événement.

Trail hivernal du Sancy Mont-Dore
Le très couru !

- **22,6 km et 1 050 m D+ ou 32,6 km et 1 600 m D+**
- **Période : janvier**
- **Départ et arrivée : patinoire du Mont-Dore**
- **Temps maximum : fonction du parcours choisi**
- **Niveau de difficulté : 3/5**
- **Date de création : 2007**
- **Derniers vainqueurs (2023) : 32 km, Romain Maillard, 2 h 23 min 04 s / Chloé Schmitt, 3 h 10 min 42 s**
- **22 km, Boris Orlhac, 01 h 49 min 34 s / Emmanuelle Duchaine, 02 h 16 min 24 s**
- **Site : orga.xttr63.com**

L'hivernale du Sancy je l'ai faite plusieurs fois et on se demande bien pourquoi. Il faut dire que c'est le « trail hivernal du quartier » où on peut batifoler dans la neige un peu, beaucoup, passionnément selon les années… Avec un peu de chance, le combo neige et soleil offre une vue superbe sur les montagnes et les lacs. Le massif du Sancy est magnifique et le tracé emprunte des passages privés accessibles seulement ce jour-là. Parce qu'au 10e kilomètre, tu choisis de continuer sur le 20 ou sur le 30 et c'est vraiment super sympa. Parce que l'organisation est au niveau avec un super balisage, des ravitaillements hors norme et un vrai festin à l'arrivée. Que demander de plus ? Un dossard assuré pour l'année prochaine !
Christelle Verriest

Le trail du Sancy Mont-Dore a une particularité : il offre la possibilité de courir son parcours à deux saisons différentes. Le coureur a le choix entre l'option automne, organisée traditionnellement fin septembre, et la version hivernale, organisée mi-janvier. Bien entendu beaucoup choisissent les deux versions ! Mais c'est l'hivernale qui a été retenue ici parce qu'elle est celle qui offre les paysages les plus décalés, surtout quand la neige est au rendez-vous. Ce format est accessible au plus grand nombre avec ses 20 ou 30 km. En réalité les distances exactes sont 22,6 km pour 1 050 m D+ et 32,6 km pour 1600 m D+ mais quand on aime, on ne compte pas !

20 ou 30 km… Jusqu'au dernier moment pour se décider !

L'inscription est commune aux deux distances et si, au niveau du premier ravitaillement situé au col du Guéry, on a eu les yeux plus gros que le ventre, on peut partir à gauche et rentrer se mettre au chaud dans la salle polyvalente du Mont-Dore. Les plus courageux partent à droite à l'attaque du Puy Gros et de ses 1 485 m, face à un panorama unique sur la vallée de la Haute-Dordogne. Mais choisir de raccourcir la distance ne disqualifie pas le participant, ce qui est, psychologiquement, un vrai point positif.

La météo joue évidemment pour beaucoup dans la beauté de la journée. La neige n'est pas toujours au rendez-vous mais la chaîne des puys n'en reste pas moins un superbe lieu pour courir. Les participants traversent des zones qui leur sont totalement interdites le reste du temps. Pluie ou neige, beau temps ou mauvais temps, le défi mérite d'être relevé ! D'ailleurs nombreux sont ceux qui le pensent car les dossards partent toujours à la vitesse grand V.

BON à SAVOIR

La station du Mont-Dore est une station thermale et une station de ski de fond. Pensez à vous occuper du logement dès l'inscription pour ne pas être pris au dépourvu. On pourra profiter du week-end pour une initiation au ski de fond si la neige le permet, la station n'est qu'à une quinzaine de minutes de la ville et des moniteurs sont là pour vous enseigner les bases. On peut aussi faire de superbes balades en raquettes. Il est de tradition de profiter de son séjour pour faire un stock de fromages sans oublier la dégustation d'une truffade, plat incontournable de la région. L'aligot est dégusté à l'arrivée de la course mais il faut penser à le réserver lors de l'inscription. Attention à prendre son éco cup pour les ravitaillements si on veut profiter de la soupe qui y est servie !

VVX
À réveiller les volcans endormis !

- **Volvic Volcanic Expérience**
- **Expérience Impluvium de Volvic : 46 km – 1 700 m D+**
- **Période : mai**
- **Départ et arrivée : Volvic**
- **Temps maximum : 10 h**
- **Niveau de difficulté : 2/5**
- **Date de création : 2017**
- **Derniers vainqueurs (2023) : Léo Debieu, 3 h 56 min 25 s / Stéphanie Manivoz, 4 h 29 min 09 s**
- **Site : www.volvic-vvx.com**

La XGTV, c'est 224 km et 8 000 m de dénivelé positif, la plus longue des courses de la VVX. L'Auvergne est magnifique en mai et le parcours passe par les plus beaux endroits entre Le Lioran et Volvic : montagnes à gogo, lacs, ruisseaux, villages, fontaines, hauts plateaux, tout y est, c'est brut, c'est sauvage et intimiste puisqu'il n'y a que 100 dossards, avec une ambiance très chaleureuse. Le plus : la possibilité de faire la course en duo pour ceux qui ont peur du guidage au GPS. Le bémol : de longues portions de GR ont été goudronnées ces dernières années, dur de relancer !
Valérie Levai, 1re féminine de l'Expérience Grande Traversée Volcanic « XGTV » en 2022

La Volvic Volcanique Expérience, ce n'est pas qu'une course mais sept ! Et c'est avant tout la découverte d'un territoire qui ressemble à une grande fête de village qui dure quatre jours ! La VVX, on y vient mais surtout, on y revient. Le plus étonnant avec cette course, c'est de découvrir combien elle plaît. Bon nombre de coureurs y reviennent chaque année, le nombre de clubs d'athlétisme qui en ont fait leur sortie de groupe du printemps augmente année après année, rendant les inscriptions des nouveaux de plus en plus compliquées, il ne faut donc pas traîner lorsqu'elles sont annoncées.

3 jours de trail mais surtout 4 jours de fête, de balades et de ripailles !

L'organisation a mis les petits plats dans les grands volcans. Elle propose plusieurs formats de courses, de l'ultra au trail découverte avec la promesse de parcours parfaits pour découvrir les joies de la course nature. Mais ce n'est pas tout ! L'événement sportif se double d'une grande kermesse de plusieurs jours et qui se conclut par une randonnée gastronomique, histoire de rentrer rassasié. De nombreuses visites sont prévues, des repas conviviaux à souhait et un concert pour fêter son dossard de la journée. Cette idée d'associer trail et moments ultra-festifs vient de l'organisateur, traileur lui-même, qui était toujours frustré de se faire des amis sur le parcours sans pouvoir les retrouver ensuite pour faire plus amplement connaissance. À Volvic, plus de souci ! La très grande majorité des participants reste au moins trois jours, le temps pour des amitiés sportives de se créer.

Un parcours avec plus de difficultés qu'il n'y paraît !

Les parcours pourraient se résumer à grimper sur un volcan endormi puis en redescendre. Seuls les longs parcours ont le droit au Puy-de-Dôme, les autres se contentent de l'admirer de loin avec un joueur d'accordéon sorti de nulle part pour la bande-son. Il y a aussi de jolis chemins forestiers ombragés, idéaux pour encaisser les premières chaleurs de l'année. Pour beaucoup de coureurs, c'est l'occasion de courir le premier trail avec dénivelé, surtout pour les Bretons et les Normands présents en nombre tous les ans du côté de Volvic. Il y a tellement de joie et d'énergie pendant à ce moment qu'un jour, ils vont finir par réveiller le volcan de Lemptegy !

BON à SAVOIR

Volvic n'a pas une capacité hôtelière très importante, il faut plutôt viser les nombreux gîtes qui existent dans la région, ou le camping. La ville de Clermont-Ferrand n'est pas très loin mais l'événement donne envie de rester sur place pour en profiter pleinement. Il y a une garderie pour les enfants et plein d'activités sportives leur sont proposées pendant que leurs parents courent. La course a mis en place un partenariat avec la SNCF pour limiter l'impact carbone, toutes les infos sont sur le site. Il y a aussi un système de navettes très pratique pour limiter le nombre de voitures dans cette ville qui reste petite. Les artisans de Volvic ouvrent leurs ateliers le temps de l'événement, il ne faut pas les rater.

L'EDF Pierra-Menta version été
À deux, c'est mieux !

- 70 km – 3 étapes – 7 000 m D+
- Période : juin-juillet
- Départ et arrivée : Arêches Beaufort
- Temps maximum : à voir à chaque étape
- Niveau de difficulté : 5/5
- Date de création : 2015
- Derniers vainqueurs (2023) : duo féminin, Mélanie Rousset et Alice Bausseron / duo masculin, Romain Buissart et Nicolas Raymond / duo mixte, Lucie Bidault et Lilian Leroy
- Site : www.pierramenta-ete.com

C'est assez original comme genèse, mais c'est une de mes « coachées » qui m'a proposé de me joindre à elle pour l'édition 2023 de la Pierra-Menta été. Je l'avais faite cinq ans auparavant, je savais donc très bien où j'allais mettre mes chaussures de trail. On s'est préparées ensemble, que ce soit physiquement ou psychologiquement, parce qu'une course à deux, c'est aussi et avant tout accepter de mettre son *ego* de côté. Il faut avoir conscience de ses points faibles et de ses points forts pour que le duo fonctionne bien. Cette année, le terrain était compliqué par la météo, il tenait plus parfois d'un enduro que d'un trail. Mais l'ambiance si particulière de l'événement prend vite le dessus. Et puis c'est rare d'avoir François d'Haene ou Camille Bruyas sur le bord du chemin pour encourager ! J'ai adoré ces quelques jours dans le village d'Arêches-Beaufort qui vibre pour la course. Tous les logements sont réquisitionnés pour accueillir les coureurs qui refont le match tous les jours lors de la soirée « diapos » et briefing pour l'étape du lendemain. Le fait qu'on finisse tous vers 15 heures permet d'avoir du temps pour la récupération (team de kinés bénévoles disponible) et de profiter de l'ambiance « colonie de vacances sportives ».

Sabine Ehström, 2e du duo féminin avec Marine Quintard

Alors que le trail du Sancy propose une version hiver et une version été, la Pierra-Menta fait plus original… La version hivernale est consacrée au ski alpiniste et la version estivale, au trail. Dans les deux cas, c'est à deux que l'on part et c'est à deux que l'on doit arriver ! Le caractère technique du parcours ne laisse que peu de repos aux équipiers. Sur trois jours, ils parcourent près de 70 km et 7 000 m de dénivelé positif cumulé avec des passages aériens en crête où le baudrier, le casque et les longes sont obligatoires. On n'est donc pas là pour s'amuser mais pour se challenger et se dépasser.

Un parcours, mais surtout une ambiance unique en son genre !

La première étape tient lieu de mise en jambes ou en appétit avec une longue montée, des passages techniques et des descentes qui le sont tout autant. Les sentiers aériens dominent le bassin albertvillois. La mise en bouche plonge les participants dans le grand bain ! La deuxième étape est la plus longue et certainement la plus difficile et la plus technique. Elle conduit les coureurs au Grand-Mont, sommet emblématique de la Pierra-Menta hiver. C'est là qu'il faut sortir les cordes et le baudrier. Même les descentes sont trop techniques pour « envoyer » en toute sécurité. Mais le Mont-Blanc est en fond d'écran !

Trois étapes, et trois nouveaux meilleurs amis : le baudrier, la longe et le casque !

La troisième étape est la plus courte avec une alternance de montées et descentes. Même si elle est moins technique, il faut se hisser au sommet de la Roche-Parstire afin de profiter d'une vue surplombant le barrage de Roselend.

BON à SAVOIR

La première difficulté est de constituer un binôme équilibré qui sait ce qu'il vient chercher. J'ai vu des couples qui n'avaient pas suffisamment développé ce sujet avant de se lancer dans l'aventure… Il faut aussi organiser au moins un week-end d'entraînement, idéalement sur un terrain identique, pour apprendre à courir ensemble avec un baudrier mais aussi revoir l'utilisation des bâtons qui sont indispensables sur ce type de course. La longe est autorisée et il faut surtout mettre son *ego* de côté pour accepter d'être tracté pendant quelques kilomètres si la course l'exige. Les meilleurs le font ! Et le casque est loin d'être un accessoire inutile en raison des chutes de pierres qui peuvent être provoquées par les coureurs devant soi. Attention, les barrières horaires sont strictes. Le deuxième jour pas, moins d'une quarantaine d'équipes sur 150 ne les ont pas passées !

Sabine Ehrström, coach

Anne
alias @annedubndidu

L'ultra-influenceuse

Aucune hésitation, la beauté du parcours est ma première motivation à l'inscription. Souffrir dans un environnement moche n'est pas très sympathique. C'est d'ailleurs en grande partie aussi pour ça que je ne cours quasiment plus sur route. Il est difficile de trouver des parcours urbains intéressants sur plusieurs dizaines de kilomètres. En tant que femme, j'avoue aussi que je choisis parfois des courses qui me permettent d'aller dans des lieux où je n'oserais pas forcément me rendre seule, parce que je les juge un peu trop dangereux.

Il m'est difficile de faire un classement des plus beaux trails que j'ai pu faire mais celui dans les dolomites, le Lavaredo Ultra-Trail, me vient tout de suite à l'esprit alors que je n'ai fait que le 50 km ! L'organisation installe des ravitaillements perdus au milieu de nulle part, ce qui rend l'expérience exceptionnelle. Le départ au lever du soleil est unique. On ne va pas jusqu'au Tre Cime, la signature du 120 km, mais le passage du Passo Giau est irréel de beauté ! J'adore les Alpes du côté suisse et italien, que je trouve très sauvages. Il y a aussi la Mascareigne même si la partie de nuit est presque la plus belle. J'ai aussi en tête le Val d'Aran by UTMB®, là encore, et je n'ai fait que le 50 km. On prend le départ au lever du soleil, sur des chemins sauvages. Je l'ai trouvé plus dur que l'OCC. L'organisation ose le « dré dans l'pentu ». Avec la chaleur, c'est loin d'être une promenade de santé mais les paysages portent le coureur du début à la fin de la course. Et l'ambiance caractéristique de la région est un réconfort quand les difficultés se font sentir.

Sur route, c'est plus compliqué… Dans ce cas, plus que la beauté des paysages, c'est à l'ambiance que je suis sensible, comme pour le marathon de Londres, où il faut attendre le deuxième semi pour rentrer dans la ville et découvrir les monuments. Le semi d'Édimbourg vaut vraiment la peine avec un départ dans la vieille ville superbe et une trace jusqu'à la mer. Marseille-Cassis est souvent cité mais à choisir, je préfère les 20 km de Paris qui répondent à tous les critères de monuments, d'ambiance et d'organisation. Reste le problème de voyager pour sa passion… C'est loin d'être évident parce que prendre l'avion pour une course, c'est un peu apporter sa pierre à la destruction de notre planète. Je ne m'interdis pas de le prendre mais il n'est plus question d'un aller-retour le temps d'un week-end, nous restons le plus longtemps possible sur place. Je suis allée récemment courir à Londres ou Madrid, et j'ai privilégié le train. C'est pour cela aussi que mon spot préféré pour courir, je l'ai choisi à côté de chez moi, à Montpellier. On appelle ça le Tour des étangs. On part de la ville pour rejoindre la mer mais avant, on bifurque pour rejoindre le bord des voies fluviales. Au coucher du soleil, le ciel se confond avec le bleu des lacs, c'est sublime… Et pas besoin de prendre ma voiture pour en profiter.

L'Échappée Belle
La Bella Donna des Alpes

- **144 km – 11 400 m D+**
- **Période : août**
- **Départ : Vizille – Arrivée : Aiguebelle**
- **Temps maximum : 54 h**
- **Niveau de difficulté : 5/5**
- **Date de création : 2013**
- **Derniers vainqueurs (2022) : Jean-Marie Thévenard, 23 h 51 min 36 s / Sarah Vieuille, 27 h 26 min 37 s**
- **Site : www.lechappeebelledonne.com**

Les parties les plus techniques sont les parties sommitales. Il n'y a pas de chemins mais de très gros blocs de cailloux où l'on doit suivre une trace marquée par des fanions ou de la peinture (écologique, évidemment !). Sur ce genre de passages ultra-techniques, la météo peut tout changer. La croix de Belledonne est incroyable de beauté et se mérite. Certaines montées demandent 3 à 4 heures d'efforts... Même pour les coureurs élite, c'est loin d'être une balade de santé ! Pour être prêt le jour J, j'enchaîne les courses pour être mis en condition et m'entraîner sur des terrains proches de ceux de l'objectif. J'ai adoré le côté familial de cette course qui a su rester un événement à taille humaine.
Sange Sherpa, vainqueur de l'édition 2014

Née en 2013, L'Échappée Belle a dès la première édition marqué les esprits du monde du trail. Cette traversée de part en part du massif de Belledonne se caractérise par sa haute technicité, son engagement sur des sentiers difficiles d'accès, et l'altitude à laquelle elle se déroule. L'Échappée Belle se mérite à n'en pas douter ! Le point culminant de la course atteint une altitude de 2 930 m avec la Croix de Belledonne. 15 cols, une traversée du glacier de Freydane, 40 km à plus de 2 000 m d'altitude, 11400 m de dénivelé positif à parcourir en moins de 54 heures… S'il est compliqué pour les néophytes de réaliser la complexité du défi, tous les ultra-traileurs ont quant à eux très vite compris qu'ils avaient à faire à un format vraiment unique en son genre où la notion de dépassement de soi prend tout son sens.

Une des plus belles, mais une des plus dures aussi !

Quand on demande aux anciens participants de décrire le parcours, on entend souvent : « Il y avait de la caillasse partout ! », « À aucun moment tu ne peux poser le pied normalement, tu es toujours en instabilité », « La course est très jolie mais les paysages, tu les découvres quand tu t'arrêtes, une seconde d'inattention à ne pas regarder tes pieds, c'est la gamelle assurée. » Blocs de pierres, absence de traces, singles*, souvent en mauvais état ou dangereux, névés, dénivelé important toujours en mode KV** (kilomètre vertical pour les non-initiés), la première année, sur les 600 coureurs au départ, ils n'étaient que 200 à l'arrivée ! L'Échappée est belle à n'en pas douter mais elle se mérite et demande d'arriver bien entraîné.

BON à SAVOIR

La course essaie d'être la plus verte possible avec de nombreuses actions éco-responsables. Pensez à privilégier les transports en commun qui existent et qui sont présentés sur le site de l'organisation. S'il y a une course qui demande une préparation physique complète, c'est celle-là, alors on n'hésite pas à inclure des séances de renforcement musculaire pour que le corps tienne le choc. Si vous ne pouvez pas vous préparer sur le terrain, mieux vaut être raisonnable. À défaut de renoncer, on privilégie les distances plus courtes pour commencer.

* Chemins de montagne trop étroits pour permettre de doubler en toute sécurité.
** Le kilomètre vertical ou KV est une épreuve de skyrunning, dont le parcours est une montée raide avec un dénivelé positif d'environ 1 000 m.

Trail des Passerelles de Monteynard

L'Himalaya *made in Isère* !

- **68 km – 3 500 m D+**
- **Période : juillet**
- **Départ : La Mure – Arrivée : Treffort base nautique**
- **Temps maximum : 14 h 30**
- **Niveau de difficulté : 3/5**
- **Date de création : 2012**
- **Derniers vainqueurs (2023) : Bastien Jannetta, 5 h 53 min 24 s / Coralie Blanchard, 6 h 45 min 14 s**
- **Site : www.trail-passerelles-monteynard.fr**

J'ai commencé par le format marathon qui fut mon premier trail long. J'ai tellement apprécié le parcours que j'y suis revenue pour la Grande Course, le 68 km, pour en prendre encore plein la vue. Le trail est connu en partie pour ses fameuses passerelles et moi, j'ai le vertige ! Pourtant, ça s'est plutôt bien passé à chaque fois : comme il est interdit d'y courir, j'ai pu les passer tranquillement en me tenant des deux côtés. Et la beauté des paysages, l'eau turquoise si particulière qui coule en dessous… tout cela contribue à faire oublier qu'on a la trouille de tomber. La Pierre-Percée au début du parcours est aussi unique, sans parler de la fameuse voie ferrée ou du tunnel qui offrent un peu de fraîcheur en ce début d'été. Malgré un syndrome de l'essuie-glace apparu en fin de course et qui a un peu gâché la dernière descente, j'ai adoré cette course qui offre des vues incroyables et diversifiées.
Marie Franco Marino

Le trail des Passerelles du Monteynard a été créé en 2012 pour célébrer les 50 ans du barrage EDF de Monteynard-Avignonnet. C'est d'ailleurs ce barrage qui a permis de créer le lac de Monteynard, 30 km au sud de Grenoble. On aurait pu penser que le parcours serait aussi artificiel que ce lac mais il n'en est rien !

Deux passerelles pour des sensations uniques !

Si le trail a pris le nom de ces constructions humaines impressionnantes, ce n'est pas pour rien. Ils sont des milliers à traverser la France chaque été pour les franchir, oubliant parfois qu'ils souffrent de vertige. Les passerelles de l'Ébron et du Drac font environ 200 m et sont communes à tous les parcours. Comme souvent maintenant, l'organisation propose de nombreux formats de courses pour que tous les niveaux, du débutant à l'expérimenté, trouvent leur bonheur et leur dose de frisson !

Une pierre percée et une voie ferrée…

Ce trail réussit le pari d'associer des constructions naturelles comme la fameuse Pierre-Percée, une des sept merveilles du Dauphiné, avec des constructions humaines comme le tunnel minier qui rend hommage au passé de la Matheysine et la ligne de chemin de fer de la Mure. Point de vue unique, le passage au sommet du Sénépi, qui offre une vue à 360 degrés sur les massifs avoisinants du Vercors, du Dévoluy, des Écrins, du Taillefer et de la Chartreuse. Pour terminer en beauté, un passage du côté des flancs de Côte-Rouge offre une vue panoramique incroyable sur le lac de la base nautique de Treffort où se situe la ligne d'arrivée. Nombreux sont les participants qui reviennent chaque année, sans parler des locaux qui en ont fait leur terrain d'entraînement préféré.

BON à SAVOIR

La course est organisée en juillet et il peut y faire très chaud... Il n'y a que peu de points d'eau naturelle sur le parcours, il ne faut donc pas jouer à chercher la légèreté à tout prix en prenant trop peu d'eau au ravitaillement. Avec six ravitaillements, il n'y a aucune raison de se rationner. Le parcours n'est pas très technique mais il finit par une belle descente qui peut se révéler difficile pour des organismes fatigués. Il faut donc penser à « en garder sous le pied » pour terminer en toute sécurité.

High Trail Vanoise®
Un trail au 7e ciel !

- **72 km – 4 820 m D+**
- **Période : juillet**
- **Départ et arrivée : Val d'Isère**
- **Temps maximum : 17 h**
- **Niveau de difficulté : 4/5**
- **Date de création : 2017**
- **Derniers vainqueurs (2023) : Uladzimir Yakubouski, 9 h 55 min 39 s / Axelle Nardoux, 12 h 55 min 58 s**
- **Site : www.high-trail-vanoise.com**

Cette course est incroyable : plus on prend de l'altitude, plus les paysages sont dingues ! Le corps s'habitue bien, on est un peu plus essoufflé et il faut accepter de ralentir le temps que cela se passe. Rien que pour le passage à l'Aiguille-Pers, cette arête enneigée qui offre une vue à 380° sur les montagnes environnantes, cela vaut la peine de grimper. Après un passage bien technique, le fameux tunnel passe bien parce qu'il permet de souffler avant d'attaquer la dernière descente roulante à souhait vers l'arrivée. Une vraie fin du tunnel au sens propre comme au figuré !
Axelle Nardoux, 1re féminine de l'édition 2023 et cofondatrice de la marque Wise (www.wisetrailrunning.com)

Ce n'est pas le trail préféré de Laura, *alias* Foutrak, pour rien ! Le High Trail Vanoise®, c'est 72 km, et la découverte estivale du territoire d'une des stations de ski la plus connues d'Europe. Les plus beaux panoramas de Haute-Tarentaise et de Maurienne, voilà la promesse de l'organisation. Aucun doute, elle est au rendez-vous ! L'organisation propose pleins de formats plus courts sans oublier une version duo ou une version relais à mi-parcours. Alors que le parcours initial permettait aux coureurs de mettre les pieds dans la neige tous les ans avec la traversée du glacier de la Grande-Motte, les bouleversements climatiques ont changé la donne. Le névé qui permettait l'accès a disparu et les règles de protection du parc de la Vanoise ne permettent pas un itinéraire bis. Mais le parcours n'a rien perdu de sa superbe !

Un départ à la frontale avec un objectif assumé, ne pas avoir à la sortir du sac avant l'arrivée !

Avec un départ à 4 h 30 du matin, c'est l'assurance d'un superbe lever de soleil sur le lac de la Sassière, premier spot iconique de ce trail. Pas le temps de souffler, le col de la Bailletaz et ses 2 847 m est déjà là, une « mise en bouche » pour les 2 770 m du col de l'Iseran mais surtout les 3 349 m du sommet de l'Aiguille-Pers qui permet de mettre les pieds dans la neige avant de filer vivre l'expérience unique du tunnel des 3 000. Il est enfin temps de redescendre dans la station

pour passer fièrement la ligne d'arrivée ! Les plus rapides mettront environ 10 heures, les plus lents, 8 heures de plus, mais personne n'aura démérité !

Odyssea en version montagne !

Le circuit de courses destiné à récolter des fonds pour la lutte contre le cancer du sein s'arrête à Val d'Isère, c'est le seul format trail en France, d'ailleurs. Organisée le dimanche matin, avec option chronométrage ou pas, la course permet aux coureurs des jours précédents d'éliminer l'acide lactique encore présent dans leurs jambes tout en faisant une bonne action et surtout de partager un moment convivial en famille puisque la randonnée est autorisée. Plus qu'une course, le High Trail Vanoise® est devenu un séjour trail où tout le monde est bienvenu, quel que soit son niveau.

BON à SAVOIR

La destination est avant tout un lieu parfait pour passer une semaine de vacances avec le trail en point d'orgue. On peut privilégier le train en rejoignant la gare de Bourg-Saint-Maurice avant de gagner la station en bus, et profiter du système de navettes gratuites pour se déplacer. L'office du tourisme propose un pass qui donne accès à plus de 25 activités différentes, soit gratuites, soit avec un tarif préférentiel. On peut faire de la randonnée, du VTT mais aussi du cyclotourisme avec le fameux col de l'Iseran. Dans ce cadre, plusieurs hôtels proposent un accueil pour les cyclistes avec un espace sécurisé. La liste est à retrouver sur le site de l'office. Les remontées sont gratuites du côté Val d'Isère pour les piétons, ce qui est idéal pour les balades en famille, les enfants préférant souvent descendre à monter... les parents aussi parfois !

Trail des Aiguilles-Rouges
Que la montagne est belle...

- **55 km – 4 000 m D+**
- **Période : septembre**
- **Départ et arrivée : Chamonix**
- **Temps maximum : fonction du parcours proposé**
- **Niveau de difficulté : 3/5**
- **Date de création : 2007**
- **Derniers vainqueurs (2022) : Simon Gosselin, 5 h 42 min 58 s / Sigrid Montigny, 7 h 12 min 42 s**
- **Site : www.aiguillesrouges.fr**

J'ai participé au TAR en 2018. Ce matin-là, quand le réveil a sonné à 2 h 50, j'avais le sentiment de tout juste avoir posé la tête sur l'oreiller. J'ai fait le bon choix avec un hôtel quasiment sur la ligne de départ, sur la place de l'Église. Le départ est brutal avec 1 200 m de dénivelé positif à avaler en direction du Lac blanc que nous frôlons, le parcours nous faisant bifurquer en direction de Planpraz à la dernière minute par les cols, au lever du soleil sur le Mont-Blanc. Direction le Brévent avant d'entamer la descente vers la Diosaz pour le premier moment fun de la course ! Nous venons de rentrer dans la réserve des Fiz et le refuge de Moëde-Anterne est en haut, qui nous surveille. Le deuxième ravitaillement se fait dans les chalets d'Ayères : après 30 km dans les jambes et 2 400 m de dénivelé positif, la pause s'impose ! Fromage, bananes, barres d'amandes... Tout y passe pour recharger avant d'attaquer le mur, et surtout les échelles qui mènent au lac de Pormenaz. Enfin il est là. Juste le temps d'en faire le tour et hop, on plonge, non pas dans ses eaux cristallines mais vers Servoz. Pas de répit, il faut attaquer le col de la Forclaz qui n'en finit pas... L'arrivée au bord du lac des Chavants est un soulagement. J'ai les jambes en vrac, et suis bien content d'arriver. 11 h 19 pour venir à bout de ce trail des Aiguilles-Rouges, il est temps d'aller se doucher !

Julien Djozikian, *alias* @mangeurdecailloux

Le Trail des Aiguilles-Rouges, c'est à la fois un lieu, une histoire et un parcours superbe qui se mérite ! Créée en 1974, la réserve naturelle des Aiguilles-Rouges dont le trail tire son nom a une superficie de 3 300 hectares, et une altitude entre 1 200 m et 2 965 m. Mais surtout, elle fait face au Mont-Blanc dont elle offre les plus belles vues quand la météo est du côté des randonneurs. Avec des chemins de randonnée qu'il ne faut pas quitter pour respecter la nature, on peut naviguer du lac Blanc aux lacs des Chéserys, qui offrent un panorama unique.

Un parcours qui change presque chaque année pour un plaisir renouvelé !

Le parcours change régulièrement pour permettre aux participants de découvrir d'autres points de vue chaque année, aussi peut-il varier d'une cinquantaine de kilomètres. Ce qui ne change jamais, c'est que l'organisation limite le nombre de dossards à 600 inscriptions par édition, ce qui oblige parfois à un tirage au sort pour éviter le « premier arrivé premier servi ».

BON à SAVOIR

Le parcours est toujours plus technique que celui du marathon du Mont-Blanc, course avec laquelle il est souvent comparé. Il ne faut donc pas l'envisager pour une découverte de la discipline, d'autant plus qu'il est en semi-autonomie, ce qui sous-entend des ravitaillements éloignés et une bonne gestion de l'eau. Avec un départ ultra-matinal, il faut prévoir une arrivée pas trop tardive à Chamonix pour avoir le temps de se poser un peu et de se remettre du voyage. Le petit déjeuner peut être compliqué à gérer... Mieux vaut prévoir une charge glucide importante la veille au soir, de type riz, et attaquer l'alimentation pendant la course en commençant par une boisson d'effort comme on en trouve dans le commerce.

L'Hivernale des Templiers
Winter is coming !

- **Astragale Trail : 67 km – 2 290 m D+**
- **Période : décembre**
- **Départ et arrivée : Roquefort**
- **Temps maximum : 3 barrières sont appliquées, à Lapanouse de Cernon 18e km à 10 heures ; à Sainte-Eulalie de Cernon, 30e km à 12 h 15 et déroutage à la Vialette, 47,5e km à 15 h 45.**
- **Niveau de difficulté : 4/5**
- **Date de création : 2017**
- **Derniers vainqueurs (2022) : Aurélien Escolano, 5 h 51 min 49 s / Isabelle Vernaz, 7 h 33 min 11 s**
- **Site : www.hivernaledestempliers.com**

J'ai adoré cette course ! On retrouve le territoire des Templiers où il faut beaucoup courir mais aussi être prêt à attaquer des talus pentus. Ce sont des parcours vraiment cassants. Pour la préparation, il ne faudra pas négliger la course à pied et la vitesse, sans oublier les séances de côtes pour ne pas trop perdre de temps dans les montées. Le territoire est magnifique avec des passages rocheux comme aux Templiers, la fin de course est superbe elle aussi, notamment en surplomb du village qui accueille la ligne d'arrivée. Il ne faut pas repartir sans aller visiter les caves de Roquefort, qu'on soit amateur de ce fromage ou pas. La course passe dedans mais on n'a pas le temps de s'arrêter pour profiter des explications passionnantes fournies par les guides. Du côté de l'organisation, on ne prend aucun risque puisqu'elle est rodée depuis pas mal d'années. Ne négligez pas l'équipement ! Il y a des risques de neige ou de pluie bien glacée à cette saison. Combinée au vent, elles peuvent vous faire vivre l'enfer.
Emmanuel Gault, 6e sur l'Astragale en 2022

Le festival des Templiers est la course mythique des Grands Causses, là où est né le trail à l'américaine version française. C'est après des reportages réalisés sur le Leadville Trail dans le Colorado en 1989 et sur la Western States en Californie en 1990 que Gilles Bertrand et Odile Baudrier ont eu l'idée de le créer. Il est souvent dit que le trail est né avec les Templiers mais ce serait nier l'existence de la 6 000D qui existe depuis 1990 ou de la Saintélyon, qui à cause de ses portions goudronnées n'est pas réellement considérée comme un trail. L'Hivernale est la petite dernière, née en 2017, du désir des organisateurs de revenir aux fondamentaux de la discipline où la variante météo peut jouer les trouble-fêtes. Il ne faut pas être un météorologue confirmé pour deviner que début décembre, il fait déjà très froid dans l'Aveyron. L'organisation a repris des tracés qui s'appuient sur les parcours des deux premières éditions du festival des Templiers (1995 et 1996), au cœur du Larzac.

Plusieurs distances pour un maximum d'expérience !

Il y a six distances pour que tout le monde puisse participer à la fête quel que soit son niveau, avec la veille une randonnée nocturne pour se mettre en forme. Il s'agit d'un parcours accessible mi-urbain par les ruelles et les multiples escaliers de Roquefort et mi-campagne en longeant le petit cours d'eau du Soulzon. Attention il y a seulement 150 places, il ne faut donc pas tarder à s'inscrire ! Le lendemain, place au trail avec la Carline, longue de 12,6 km, la Rock'Shot et ses 16,2 km, l'Adonis de 25,6 km, le Marathon de l'Orchis avec 35 km et l'Astragale de 67 km. Les courses tirent leur nom de la végétation du Larzac et des fleurs typiques des Causses.

Une vraie course hivernale et rude faite pour des templiers du trail !

Le parcours est par endroits créé pour la course, avec des singles défrichés quelques jours avant pour laisser passer les participants en toute sécurité. On traverse des petits villages typiques des Causses avec des maisons en schiste, bien sombres l'hiver. Il y a un peu moins de dénivelé que le même format organisé en octobre, « les Templiers » (www.festivaldestempliers.com), mais ça n'en reste pas moins une course rude, surtout avec les conditions hivernales.

BON à SAVOIR

Pour les logements, l'office du tourisme de Roquefort a fait un gros travail de référencement de l'offre disponible, il ne faut donc pas hésiter à consulter son site. Il a même créé une application gratuite permettant de se balader dans le village de Roquefort en étant guidé virtuellement *via* son smartphone. Comme le dit si bien Emmanuel, on ne repart pas sans avoir visité les caves pour tout comprendre de la fabrication du célèbre fromage et faire quelques courses qui seront très vite dévorées !

Laura
alias @Foutrak

De la course à pied à la randonnée... il n'y a qu'un pas !

Je fais une différence entre les courses sur route et les trails. Si pour la route, je cherche généralement à cocher des cases, en trail, la beauté du paysage l'emporte dans mon choix. Sur route, comme beaucoup, je rêve des majors, j'ai d'ailleurs eu la chance de courir Londres et New York, même si j'avoue avoir été déçue des parcours, comme c'est souvent le cas pour les marathons. Je comprends tout à fait que créer un parcours de 42 km intéressant de bout en bout en pleine ville relève du défi impossible. Je rêve de pouvoir créer un marathon digne de ce nom dans ma ville de cœur, Lyon. J'ai honte de ce qu'on y propose aux touristes qui nous rendent visite parce que notre ville n'est pas mise en valeur. Il est vrai qu'on est parfois un peu moins exigeant sur les destinations étrangères parce que la plupart du temps, on les choisit avec l'idée de faire un peu de tourisme avant et après, ce qui est tout de suite moins frustrant. Un marathon que je n'ai pas encore fait et qui me tente bien, celui du Clair de Lune à Annecy, fait le tour du lac et se court de nuit. Ça doit être magique !

Pour le trail, le parcours compte ! Si on me demande quelle course occupe la première marche de mon podium personnel, c'est le High Trail Vanoise®. Je n'ai pas fait la longue distance mais le 19 km et j'ai adoré ce parcours qui mène très vite dans une montagne sauvage. C'est d'ailleurs là que j'ai compris à quel point la 6 000D n'était pas des plus intéressantes : presque partout, il y a des remontées mécaniques. J'ai aussi beaucoup apprécié le 25 km de la VVX : il n'y a pas que les Alpes dans la vie ! J'ai vécu également une très belle surprise du côté du Pilat Trail qui réussit le pari de proposer un 21 km passant par tous les plus « beaux coins » du coin, que je connais bien pour y courir régulièrement. J'ai commencé par prendre des dossards parce que j'avais peur de partir seule en montagne, mais après quelques déceptions côté parcours, j'ai commencé à m'organiser des off et à me lancer dans la randonnée itinérante. C'est devenu une vraie passion que je partage avec mon groupe, @50nuancesdetrek. Ce qu'il y a de formidable avec cette activité, c'est qu'on peut en faire ce qu'on veut... Balades contemplatives, descentes en courant pour profiter d'une pause apéro plus longue au bistrot du village qu'on va traverser... La course à pied reste un sport traumatique, alors que la randonnée fera certainement partie de ma vie très longtemps.

J'ai eu la chance d'aller courir dans le désert et comme beaucoup, j'en suis tombée amoureuse. Mais j'ai aussi compris que lorsqu'on « monte » sur les longues distances comme le marathon des Sables, il est compliqué de proposer un parcours intéressant de bout en bout mais surtout, l'effort physique est tel que la beauté des paysages s'efface derrière des considérations plus terre à terre, comme penser à manger, boire et ne pas rater la barrière horaire. Je m'en suis rendu compte en Jordanie où je suis allée faire le Half, un format qui me correspond mieux. J'ai hâte d'aller en Égypte pour revivre ça. Ce sera certainement une de mes dernières destinations à l'international parce que comme beaucoup, j'ai commencé à remettre en cause mon mode de consommation des événements sportifs. Ma course aux Majors va donc certainement s'arrêter là.

UTMB® Mont-Blanc
Quatre lettres pour une épopée !

- **Dacia UTMB® Mont-Blanc**
- **171 km – 9 963 m de D+**
- **Période : course annuelle organisée la dernière semaine d'août**
- **Départ et arrivée : Chamonix Mont-Blanc**
- **Temps maximum : 46 h 30**
- **Niveau de difficulté 5/5**
- **Date de création : 2003**
- **Records : François D'Haene en 19 h 01 min 54 s en 2017 (ancien parcours) – Kilian Jornet en 19 h 49 min 32 s et Katie Schide en 23 h 15 min 12 s en 2022 (nouveau parcours)**
- **Site : montblanc.utmb.world/fr**

C'était mon premier 160 et rien ne s'est vraiment passé comme espéré mais c'est le propre de toutes les longues distances, on sait que l'on plonge dans l'inconnu, sans trop savoir comment le corps va réagir. J'avais un seul objectif, celui de finir coûte que coûte, alors je me suis autorisé de dormir 4 ou 5 heures à Vallorcine pour pouvoir vivre le lever du soleil face au Mont-Blanc à la Tête aux Vents et je n'ai vraiment pas regretté, tellement ce moment fut de toute beauté. J'ai en plus eu la chance de retrouver un ami et vivre ça à deux a rendu cet instant encore plus fort. Si je devais donner un conseil en tant que coach à tous ceux qui voudraient se lancer, c'est d'inclure une préparation physique et du renforcement musculaire. C'est ce qui m'a manqué pour vivre l'expérience pleinement.
Guillaume Adam, *alias* @guillaume-adam-run cofondateur de l'application Runmotion Coach®

L'UTMB® Mont-Blanc, c'est tout à la fois… Une histoire, un parcours unique, et des hommes et des femmes qui, année après année, ont écrit la légende d'une course aujourd'hui connue dans le monde entier. Avant toute chose, il est important de rappeler que derrière ces quatre lettres se cachent plusieurs courses, plusieurs distances pour une semaine de folie autour de Chamonix. Avant 2003, plusieurs courses sont organisées sans que la mayonnaise prenne : une version en étapes qui voit le décès d'un des participants, une version en relais… Il faut attendre l'arrivée dans l'histoire de Catherine et Michel Poletti, soutenu par René Bachelard, pour qu'un projet viable voie le jour. Le principe est assez simple : faire le tour du Mont-Blanc en traversant trois pays ; la France, d'où le départ est donné, l'Italie et la Suisse, avant un retour sur la petite place du Triangle de l'Amitié, la bien nommée. La première édition est dantesque : 720 concurrents au départ d'un parcours de 153 km pour seulement 67 finishers et un vainqueur, Dawa Sherpa. L'histoire est lancée et elle ne s'arrêtera plus ! Plusieurs parcours voient le jour : la CCC® (Courmayeur Champeix Chamonix), qui est en réalité la deuxième partie du parcours initial – avec les années, elle deviendra un 100 miles pour coller aux références mondiales –, la

TDS® (Trace des ducs de Savoie), parcours atypique qui amène les coureurs du côté du Beaufortain, l'OCC® (Orcières Champeix Chamonix) pour une découverte du trail version alpin en 50 km seulement, et les deux petites nouvelles, la MCC® (Martigny Combe Chamonix), réservée aux locaux, et l'ETC®, qui amène les participants du côté italien pour une verticale plus courte mais intense avec 15 km pour 1 200 m de D+. Reste un ovni, la PTL®... 300 km environ (le parcours change tous les ans) à faire à deux ou trois, sur dossier uniquement. Une expérience de montagne est exigée. Elle se fait en mode semi-autonomie mais surtout à la trace, à l'aide de cartes et d'un GPS.

Une course, une montagne, trois pays

La reine reste l'UTMB® Mont-Blanc, celle par laquelle tout a commencé, celle qui motive des coureurs du monde entier à aller à la chasse aux *runnings stones* (sortes de points à collectionner comme les vignettes panini) pour espérer un jour y participer. Son succès mondial grandissant a contraint les organisateurs à chercher un système de plus en plus élaboré pour sélectionner les 2000 chanceux qui s'élanceront le vendredi soir à 18 heures à l'assaut des 171 km et 9 963 m de D+ à parcourir, en maximum de 46 h 30. Le départ est digne d'un tour de France : les rues de Chamonix sont alors envahies d'une foule de spectateurs. Si les premiers partent à la vitesse de la lumière, les derniers prennent leur temps pour embrasser les êtres chers qui seront à chaque ravitaillement pour les rassurer, les réchauffer, les nourrir...
Parmi les moments les plus marquants, il y a Notre-Dame-de-la-Gorge, un peu avant le 40e kilomètre, où la foule nombreuse salue une dernière fois les héros du jour avant qu'ils ne plongent dans la nuit noire de la montagne. Les cols s'enchaînent : le Bonhomme, la Balme, le col des Pyramides calcaires si la météo le permet, puis le lac Combal où la majorité des coureurs voient le soleil se lever. Courmayeur est enfin là, il est temps de se poser, de reprendre des forces avant de repartir à l'assaut de Bertone et, surtout, du grand col Ferret, le lieu où la course se joue quand la météo n'est pas au rendez-vous. C'est là qu'on comprend souvent tout l'intérêt d'avoir pris le kit grand froid...

De Notre-Dame-de-la-Gorge et sa folie à La Fouly, de la Tête au Vent avant son grand moment…

La Suisse est enfin là, avec La Fouly dont la vue à 360° rime avec paradis. Champeix et son lac où les premiers passent dans la matinée et les derniers, en fin de journée. Trient et son église rose… Son DJ endiablé semble resté dans les années 1980. Vallorcine est le dernier endroit où les coureurs peuvent être ravitaillés par leur famille avant d'attaquer le col des Montets et cette foutue Tête aux Vents qui ressemble pour beaucoup à une retraite de Russie, si difficile à vivre quand on entend les bruits de Chamonix et la voix tonitruante du speaker qui accueille les finishers. La Flégère. Et voilà… il n'y a plus qu'à se mettre en boule pour rouler tout en bas et retrouver la vallée, le public, pour recevoir fièrement sa veste finisher, épuisé mais heureux et conscient d'avoir vécu quelque chose d'unique en son genre.
L'UTBM® n'est pas devenue une course de légende pour rien… Elle est née d'un parcours unique mais aussi d'hommes et de femmes qui prennent une semaine de leur vie pour assurer le ravitaillement, le confort et la sécurité de ces hommes et ces femmes qui viennent réaliser le rêve de toute une vie. Sur la ligne de départ, combien ont commencé le trail pour cette course en particulier ? Des centaines, à n'en pas douter. L'émotion se ressent, que l'on soit traileur ou pas.

BON à SAVOIR

La difficulté de ce genre de course, c'est d'apprendre à gérer la course et les ravitaillements où il ne faut pas perdre de temps, tout en veillant à bien manger et bien boire avant de repartir. Prévoyez une paire de chaussures de rechange dans votre sac, veillez à prendre une demi-pointure au-dessus de la vôtre : les pieds sont gonflés après plus de 24 heures sur les chemins, ils ont besoin de place. Certains ont la chance d'avoir une assistance, mais un sac d'allègement à Courmayeur permet d'envisager sans souci cette course en autonomie. S'il pleut, l'idéal est de se changer immédiatement avant de manger. Remplacer l'eau par du thé chaud et sucré, s'il fait froid, et les boissons gazeuses par du sirop, beaucoup plus digeste. Il ne faut pas hésiter à préparer ses pieds comme les coureurs dans le désert, avec un protocole de tannage qui limite les risques d'ampoules.

Restonica Trail by UTMB®
Le GR20 version ultra !

- **69 km – 3 900 m D+**
- **Période : juillet**
- **Départ et arrivée : Corte**
- **Temps maximum : PC2 Boniacce, le samedi à 10 h – PC11 Grotelle, le samedi à 17 h**
- **Niveau de difficulté : 4/5**
- **Date de création : 2009**
- **Derniers vainqueurs (2023) : Elie Besson-Pithon, 8 h 27 min 35 s / Natalia Mastrota, 11 h 02 min 28 s**
- **Site : www.restonicatrail.fr**

Si vous aimez la chaleur, les blocs de granit agressifs, les ânes croisés à l'improviste, vous êtes un peu masochiste mais vous êtes surtout taillé pour le Restonica. Cette course qui emprunte les sentiers du GR20 est l'occasion de se frotter à la nature du centre de l'île. Il existe différentes distances et le terrain compliqué rallonge un peu les chronos par rapport à ce qu'on a l'habitude de faire. Sur le Tavignanu (33 km), j'ai mis un peu plus de 7 heures quand il m'en faut 6 sur un terrain un peu moins technique. Mais les paysages sont magnifiques, sauvages au possible. Bref, la bière Pietra fraîche à l'arrivée se mérite !

Florence Santrot

On le sait peu mais le GR20 fait partie des tout derniers GR tracés en France. Il est une création totale de l'homme, ce qui donne droit à un parcours caillouteux à souhait où bon nombre de traileurs se cassent les dents. Si beaucoup de GR ont été tracés année après année par les pas des hommes qui vivaient là, pour les besoins de l'exploitation des terres, les transhumances, ces chemins corses n'existaient pas pour certains début 1970. Des passionnés de leur île ont mis en commun leurs compétences et leurs connaissances pour créer ce parcours qui se répartit en 16 étapes avec 16 refuges. Très vite les locaux ont eu envie de courir dessus… En 2008, le Restonica était né ! Il propose des parcours particulièrement exigeants avec au choix cinq distances : le 9 km marche, le U Giro di Tumbone de 17 km, le Tavignanu Trail de 33 km, le Restonica Trail by UTMB® de 69 km et enfin l'Ultra-trail de Corsica de 110 km que l'on peut tenter en relais à quatre.

Un parcours de toute beauté pour l'île de Beauté !

Le départ au centre de Corte se fait à la lumière des fumigènes rouge sang, histoire de donner le ton. Avec 1 400 m de dénivelé positif sur 6,2 km, ce parcours tient plus d'un KV que d'un ultra-trail ! Mais on est très vite récompensé avec la vue sur la chaîne du Monte Rotondo. Il faut rester attentif pour ne pas rater l'Arcu di u Scandulaghju, une curiosité géologique qui nous rappelle que nous sommes peu de chose face à la nature. Enfin une petite descente pour souffler un peu et rejoindre les bergeries de Cogna et sa piste forestière. Une pensée pour les héros de la Résistance devant la stèle dite du « perroquet » et il est temps de repartir à l'assaut de la crête du Bocca Cappizzolu, non sans avoir admiré la forêt de pins centenaires. Le lac de Calacuccia est là, avec l'envie d'y plonger pour se rafraîchir un peu mais il faut déjà attaquer le massif du Cinto où on trouve le plus haut sommet de l'île avec ses 2 706 m. À mi-parcours on aperçoit le Capu Tafunatu et la Paglia Orba, deux sommets superbes. Le GR20 est là, et le terrible col de Bocca Alle Porte aussi… Il ne faut pas oublier de se ravitailler pour l'affronter. Mais la vue sur les lacs d'altitude Capitellu et Melu fait tout oublier… Enfin presque ! Les 12 derniers kilomètres descendants longent la vallée du Tavignanu et il ne faut pas hésiter à se rafraîchir à toutes les fontaines que l'on croise. Corte et sa célèbre citadelle sont là, il ne reste plus qu'à s'offrir une Pietra bien fraîche pour fêter ça !

BON à SAVOIR

Le terrain est technique par endroits, il faut envisager d'avoir une paire de bâtons. Autre difficulté, la météo… À cette époque de l'année, il peut faire très chaud, même la nuit pour ceux qui choisiraient la longue distance. Donc on ne lésine pas sur la quantité d'eau qu'on emporte et on n'hésite pas à prévoir de l'enrichir avec des électrolytes pour limiter les effets de la déshydratation. Avec une date début juillet, la saison touristique bat déjà son plein sur l'île de Beauté, il ne faut donc pas traîner pour réserver son logement dès que l'on est décidé. Pour la récupération, on fera honneur à la *panzetta* et au *lonzu* si on est bec salé et à la Falculelle, le gâteau à base de *brocciu* que l'on sert à toute heure de la journée aux becs sucrés.

Grand trail des Lacs et des Châteaux
L'ultra au pays « plat »

- **166 km – 6 830 m D+**
- **Période : mai**
- **Départ et arrivée : Piste de ski d'Ovifat**
- **Temps maximum : 40 h**
- **Niveau de difficulté : 3/5**
- **Date de création : 2000**
- **Derniers vainqueurs (2023) : Jason Cuisset et François Mélange, 20 h 18 min 04 s / Hilde De Vadder, 27 h 10 min 49 s**
- **Site : grandtrail.be**

Parmi mes passages préférés de ce trail me revient à l'esprit la vallée de la Warchee que nous avons traversée deux fois, au début et à la fin de la course. C'est un passage très technique, qui n'est pas plat du tout ! Pour le reste, j'avoue que le côté roulant, voire trop roulant, est loin d'être évident, contrairement à ce que l'on pourrait penser, parce qu'on n'a aucune excuse pour ne pas courir ! J'ai eu l'impression de courir tout le temps sur cette course, ce qui n'est pas le cas sur bon nombres d'ultras avec le même niveau de difficulté. On traverse de très beaux villages et la campagne est superbe, cela compense l'absence de montagnes !
Jason Cuisset, vainqueur *ex aequo* avec François Mélange de l'édition 2023

La Belgique est terre de traileurs. Elle n'a peut-être pas de pétrole mais elle est le terrain d'entraînement de nombreux coureurs ultra-performants qu'il n'est pas rare de retrouver sur les podiums des courses les plus longues comme la PTL (300 km et 25 000 m D+). Le grand trail des Lacs et des Châteaux donne en tout cas furieusement envie de traverser la frontière ! Comme souvent aujourd'hui, la course propose six formats différents mais le plus intéressant reste le GT160 : il est superbe et est régulièrement sélectionné comme course qualificative pour la loterie de la Western States® 100-Mile Endurance Run. C'est la seule course belge qui offre un index UTMB 100M, nécessaire pour la loterie de Chamonix dans le cadre du nouveau système de sélection de l'UTMB®.

De la Belgique aux USA, il n'y a qu'un pas… enfin, un tirage au sort !

Le parcours sillonne cinq communes aux portes de la réserve naturelle des Hautes-Fagnes, un des sites naturels les plus célèbres de Belgique. Nous sommes du côté wallon, dans la province de Liège. Pour les passionnées de géologie, les fagnes, qui pourraient se traduire par tourbières, ont commencé à se former il y a environ 10 000 ans, à l'issue du dernier épisode glaciaire, sur les sols schisteux imperméables d'une ancienne crête. Les points

culminants des Hautes-Fagnes s'élèvent aujourd'hui jusqu'à 694 m au-dessus du niveau de la mer, ce qui en fait les plus hauts sommets de tout le Benelux !

Des lacs, des châteaux... Promesse tenue !

Parmi les lieux emblématiques du parcours, il y a le Bec du corbeau, promontoire offrant une vue imprenable sur la vallée du Glain et le château des comtes de Salm édifié au XIVe siècle, qui fut le lieu de nombreuses batailles avec les voisins français. Il y a le lac de Robertville, un lac de barrage immense de plus de 62 hectares, et le château de Farnières construit au début du XXe siècle par le baron Fernand Orban de Xivry qui ne vit jamais son achèvement, puisqu'il est décédé pendant les travaux. Il y a aussi le lac de Coo et ses cascades, le château de Reinhardstein qui a appartenu un temps à la célèbre famille des Metternich. Ce grand trail n'usurpe pas son nom : nature et histoire s'y rencontrent à chaque détour du chemin.

BON à SAVOIR

Le nombre d'inscrits est limité à 200 places sur le GT160, cela sous-entend qu'il ne faut pas tarder à s'inscrire mais aussi qu'il peut y avoir des moments de solitude sur le parcours, même si, avec le système de « poupées gigognes », les coureurs des autres formats de courses rejoignent au fur et à mesure les ultra-traileurs. Pour le moral, c'est à double tranchant... Cela donne un peu de vie au temps qui passe mais voir des personnes « fraîches » qui courent plus vite peut se révéler démoralisant. Avec huit ravitaillements sur le parcours, c'est une course en semi-autonomie pour l'eau et la nourriture.

Wildstrubel by UTMB®*
Chic la Suisse !

- **113 km – 6 600 m de D+**
- **Période : septembre**
- **Départ et arrivée : Crans-Montana**
- **Temps maximum : 29 h 45**
- **Niveau de difficulté : 4/5**
- **Date de création : 2022**
- **Derniers vainqueurs (2022) : David Hauss, 12 h 26 min 06 s / Amélia Watts, 15 h 48 min 15 s**
- **Site : wildstrubel.utmb.world/fr**

Je connaissais une partie du parcours qui est partagé avec celui du Crossing Switzerland Ultra-Trail que j'avais fait un peu plus tôt dans la saison. C'est un joli mélange de parties un peu techniques tout en restant de l'ordre du raisonnable comme sur une CCC® [course faisant partie des courses UTMB® Mont-Blanc]. J'étais un peu fatigué par un enchaînement assez dingue d'ultras cette année-là. J'ai un souvenir très fort d'une partie à flanc de falaises, sécurisée mais qui n'en reste pas moins impressionnante, et d'une traversée de grotte où il fallait faire attention à sa tête ! Les nombreux lacs alpins sont superbes. La distance est raisonnable et plus accessible qu'un 100 miles. Ça peut être une très bonne idée pour une première expérience en ultra de montagne. J'ai apprécié le professionnalisme de l'organisation qui, pour une première, a été au rendez-vous.
Sange Sherpa, 3e de la première édition en 2022*

Le parcours du tour de Wildstrubel en version randonnée existe depuis de nombreuses années, et était tombé en désuétude. En 2010, Jean Yves, dit le « traceur », l'avait fait en off dans le cadre de sa propre prépa UTMB, constatant que cela ferait une course parfaite pour faire découvrir la beauté des montagnes suisses. Ses points forts ? Une station de ski réputée tous les 20 km, pouvant faire office de base de vie. Un accès facile par la route, idéal pour l'organisation mais aussi pour les accompagnants : on passe trois cols mythiques déjà connus des Romains qui les empruntaient. Le tracé est tellement logique et tellement historique, qu'on se demande même s'il fallait le baliser !

Un parcours naturel pour une beauté surnaturelle !

Le parcours de 113 km avec ses 6 600 m de dénivelé positif offre l'occasion d'une aventure unique autour du massif du Wildstrubel. Départ de Crans-Montana pour une première partie au cœur du Valais suisse, entre pâturages parfaitement entretenus et alpages attendrissants en mode Heidi ! Puis passage dans le canton de Berne *via* le col mythique de la Gemmi (2 268 m) dont vous garderez un souvenir des plus inoubliables. Le canton de Berne saura vous surprendre entre Adelboden, Kandersteg ou encore la Lenk, et enfin la fameuse cabane du Wildstrubel, point culminant de la course à 2 800 m d'altitude.

* Avec la création d'un nouveau règlement fin 2021, l'UTMB® a lancé ce qui s'apparente à un circuit de courses servant de support à l'obtention des points : les « running stones », utilisées pour le tirage au sort, passage incontournable pour espérer prendre le départ de la finale à Chamonix. Cela explique le « by UTMB® » que l'on trouve dorénavant accolé au nom originel de certaines courses.

La fin du parcours vous fera revenir côté valaisan, une fois le col du Rawyl (2 427 m) franchi, pour profiter des couleurs émeraude du lac de Tseuzier et d'une dernière portion exceptionnelle le long du bisse du Ro. La variété des milieux naturels rencontrés est le gros point fort du parcours : Crans-Montana, avec son paysage de montagne sec et minéral, et, du côté alémanique, un massif très vert, aux allures de carte postale avec des champs parfaitement entretenus. Il n'y a plus qu'à se laisser tenter !

BON à SAVOIR

On peut très bien se rendre en train à Crans-Montana qui est desservi au départ de Genève. Il faut demander votre « *explore card* » qui offre de nombreux avantages, notamment les remontées gratuites, l'accès à la piscine ou à la patinoire, et les transports en commun au sein de la station. Cela compensera l'hôtellerie qui est un peu chère, nous sommes en Suisse… Bon plan : il existe un camping au bord du lac de la Moubra.

Sierre-Zinal
Celle qui a tout inventé !

- **31 km – 2 200 m D+ et 1 100 m D-**
- **Période : août**
- **Départ : Sierre – Arrivée : Zinal**
- **Temps maximum : 6 h 30 dans la catégorie coureur (catégorie touriste pas de réelle barrière horaire mais pas de classement possible).**
- **Niveau de difficulté : 3/5**
- **Date de création : 1974**
- **Derniers vainqueurs (2023) : Philemon Kiriago, 2 h 27 min 27 s / Sophia Laukli, 2 h 53 min 17 s**
- **Records : 2019, Kílian Jornet, 2 h 25 min 35 s / Maude Mathys, 2 h 49 min 20 s**
- **Site : www.sierre-zinal.com**

Lors de ma première participation en 1980 j'étais encore junior. J'y suis allé en stop et j'ai campé, sans tente, à proximité du départ… Malgré ces conditions un peu rudes, c'est là que mon amour pour les courses de montagne est né. À tel point que le Rivella, boisson caractéristique des ravitaillements suisses, est devenu ma madeleine de Proust dès que je vais courir là-bas. Je me souviens des « touristes », qui partent quelques heures avant les élites qui se poussent pour nous laisser passer tout en nous encourageant d'un « Hop hop », de la petite carte que nous devons garder autour du cou pour la faire poinçonner à chaque ravitaillement. Cela nous obligeait à accélérer un peu pour nous dégager du groupe et ne pas perdre de temps avec le bénévole en charge du poinçonnage.
La course de montagne garde cette notion de performance athlétique qu'a perdue le trail. C'est d'ailleurs pour ça que l'organisation a fait le choix de ne jamais changer le parcours depuis le début. Cela permet d'avoir des références indiscutables pour les records. Là où beaucoup de courses ont évolué avec les années, Sierre Zinal est la même depuis plus de 40 ans et les temps réalisés dans les années 1980 permettent de constater à quel point le niveau était déjà élevé parmi les coureurs élites de l'époque.
Serge Moro, rédacteur en chef d'*Esprit Trail*,
5 participations, meilleur temps 2 h 47 en 1986

Sierre-Zinal n'est pas une course… Elle est *la* course ! Celle qui a tout changé, celle qui a tout révolutionné. Impossible de parler de « la course des cinq 4 000 m » comme on l'appelle aussi sans parler de son histoire puisque, comme souvent c'est surtout l'histoire d'un homme visionnaire. Dans les années 1970, Jean-Claude Pont est docteur en mathématiques, guide de montagne, mais ce n'est pas un coureur, il se contente, comme il le dit lui-même, de trotter. Seulement voilà, il aime son Valais par-dessus tout et veut le faire découvrir au monde entier en mode sportif, parce qu'il sent qu'il y a quelque chose à creuser de ce côté-là. Il crée alors un parcours exigeant qui relie la station de Sierre à celle de Zinal avec un objectif qu'il a lui-même défini : « Offrir l'opportunité de redécouvrir les vertus de l'effort physique, réapprendre à se servir de la mobilité de son corps, à l'occasion d'une randonnée rude et enthousiaste. » Dès le départ il inclut dans son concept la notion touristique en veillant à ne pas limiter sa course aux seules élites. Mieux, il accepte les femmes, ce qui, en Suisse en 1974, est une vraie révolution. Il invente ce qui ne s'appelle alors que la « course en montagne », un événement qui se veut festif, où tout le monde est convié à se dépasser dans la journée mais se retrouve ensuite autour d'un bon dîner.

Une montée… une descente… Rien de plus simple !

La course va devenir une telle référence mondiale que les élites viennent de partout pour vivre l'expérience Sierre-Zinal où le public présent en nombre donne le sentiment au participant d'être sur une étape du tour de France. L'engouement est tel que le parcours reste marqué à l'année pour en faire un lieu de randonnée pour tout public. Le principe est simplissime : on grimpe 20 km, on redescend 11 km… Mais quasiment tout le dénivelé positif aura été encaissé dans les 12 premiers kilomètres. Il ne s'agit donc pas d'une promenade de santé mais le parcours n'est pas technique, ce qui explique les records détenus à ce jour par Kilian Jornet en 2 h 25 min 35 s et Maude Mathy en 2 h 49 min 20 s. Serge Moro, notre témoin, encourage vivement à arriver sur place plusieurs jours en amont pour s'habituer à l'altitude puisqu'une grande partie de la course se joue au-delà de 2000 m. « Le parcours pourrait se résumer à un KV pour débuter, une partie roulante à souhait où il faut être capable de courir avant d'encaisser une descente très rapide qui fera chauffer les cuisses, à n'en pas douter. » Mais le lieu se prête tellement aux vacances et à la détente que la difficulté du parcours est vite oubliée grâce à une baignade en guise de « décrassage » dans le très beau lac de Chandolin.

BON à SAVOIR

Avec un parcours balisé toute l'année, faire une reconnaissance est un vrai jeu d'enfant. Pour entrer à Sierre, le système de bus postaux du Valais est parfaitement au point. Il est de plus gratuit si vous logez dans un hôtel de la région grâce à la carte d'hôte. Le bon plan ? Partir à la fraîche et s'arrêter déjeuner au fameux hôtel Weisshorn qui offre une vue à couper le souffle sur les montagnes. Il y a un food-truck extérieur pour un simple sandwich et une part de tarte à la myrtille. Le jour de la course, la famille peut facilement rejoindre la mi-parcours avec le funiculaire de Saint-Luc qui arrive directement au poste de ravitaillement de Tignousa. On y trouve plein d'activités à faire avec les enfants en bas âge. L'organisation a également créé une fan zone au 12e kilomètre au ravitaillement de Chandolin. Là encore, il faut veiller à utiliser au maximum les navettes mises en place pour éviter les embouteillages.

GARMIN
GARMIN
UTMB
22
Xavier
THEVENARD
FRANCE
LEKI
LEKI

Xavier Thévenard

L'ultra-conscience

Plus que tout, la beauté du parcours annoncé détermine mon envie de m'inscrire à une course, parce que c'est pour son aspect contemplatif que j'en suis venu au trail. Si dans certaines courses comme l'UTMB®, le côté médiatique entre en jeu, j'y vais avant tout parce qu'on fait le tour du Mont-Blanc et qu'en tant que coureur, ça me parle. Je prends le temps de lever les yeux parce que, peut-être à part au tout début de la course, on ne court pas us à 21 km/h… Quelle que soit la course, j'ai des souvenirs gravés dans la mémoire, une nuit de pleine lune transpercée d'étoiles filantes sur un UTMB®, je devine le reflet des Grandes Jorasses entre Bertone et Arnuva, le lever de soleil sur le grand col Ferret… J'ai vraiment vécu des moments d'extase qui font tout l'intérêt de ce sport. Une des courses que j'adore, c'est le Trail des Aiguilles-Rouges qui a lieu à la fin du mois de septembre sur les hauteurs de Chamonix. Il y a là une véritable symbiose entre la lumière et les couleurs de la nature qui bascule dans l'automne. Ce n'est pas là que j'ai fait mes meilleurs classements mais j'y compte parmi mes plus beaux souvenirs de traileur.

Je pourrais faire des reconnaissances pour découvrir les parcours mais je préfère la plupart du temps garder l'effet de surprise. Évidemment, j'étudie la course sur le papier avant de me lancer mais ça reste de la théorie. Je n'ai pas reconnu le Lavaredo par exemple, je l'ai découvert en même temps que les autres traileurs. À l'entraînement, il est plus facile de profiter des paysages qui nous entourent, c'est pourquoi cette notion de beauté de la nature est au centre de ma motivation lorsque je détermine un parcours off. J'ai la chance de vivre près de la région du Chablais où je trouve tout ce que j'aime : du relief, des grands espaces… Je suis particulièrement gâté et j'en profite dès que je peux.

3 records majeurs

- Seul coureur à avoir gagné toutes les courses de l'UTMB® (UTMB® Mont-Blanc en 2013, 2015 et 2018, CCC® en 2010, TDS® en 2014 et OCC® en 2016).
- 1er à l'Ultra-trail du Mont-Fuji en 2019.
- 1er 90 km du Mont-Blanc en 2019.

Bon à savoir

Très engagé dans la lutte contre le réchauffement climatique, Xavier est l'un des premiers ultra-traileurs à s'engager dans le combat en déclarant officiellement qu'il ne prendrait plus l'avion pour se rendre au départ des courses à l'autre bout du monde. Considérant à juste titre, qu'il existe bon nombre de courses à proximité de son domicile dans le massif du Jura, que ce soit en transport en commun ou à vélo, il a lancé un mouvement de réflexion sur l'empreinte carbone que chaque traileur engendre pour satisfaire sa passion alors qu'il est assez antinomique de vouloir profiter de la nature tout en prenant part à sa destruction future… Aller à l'autre bout du monde juste pour un week-end et une course n'est pour lui plus envisageable.

SwissPeaks Trail
La beauté du Valais

- **367 km – 26 600 m D+**
- **Période : septembre**
- **Départ : Oberwald – Arrivée : Lac du Bouveret**
- **Temps maximum : 156 h**
- **Niveau de difficulté : 5/5**
- **Derniers vainqueurs (2022) : Galen Reynolds, 85 h 51 min 26 s / Denise Zimmermann, 101 h 38 min 52 s**
- **Site : www.swisspeaks.ch**

Les paysages sont d'une beauté rare et cela tout au long du parcours. Le terrain est technique mais c'est ce que je préfère et qui me réussit le mieux. Il est plus technique que le Tor des Géants, une course comparable question kilométrage et dénivelé. C'est pour ça que j'y retourne… Et aussi parce que je rêve de faire un podium là-bas ! Je vais y retourner une 4e fois alors que j'avais en tête de la faire 3 fois seulement. Pour me préparer techniquement, j'adore faire le tour du Mont-Blanc en trois jours ou le GR20 en Corse. Le seul regret que je peux avoir, c'est que cette course n'intéresse pas encore assez les coureurs adeptes des longues distances en non-stop et les meilleurs Italiens préfèrent, on les comprend, jouer à domicile sur le Tor des Géants. C'est dommage, le Valais offre un terrain de jeu absolument de bout en bout de la course.

Brice Jacquot, 6e du SwissPeaks 360 en 2021 et 2022

C'est la petite dernière arrivée dans l'offre des ultras de plus de 300 km. Puisque la France a la PTL, le long format de l'UTMB®, et l'Italie, son Tor des Géants, la Suisse ne pouvait pas rester sur le bord du chemin. Le SwissPeaks Trail repose sur un concept simple : parcourir le Valais d'est en ouest ! 367 km pour un peu plus de 27 000 m de dénivelé positif et la même chose en dénivelé négatif, mais avec une vraie originalité : une arrivée les pieds dans le lac Léman, ou presque. Il n'est pas rare de voir les coureurs plonger une tête la ligne passée. Le parcours semble tracé par les offices du tourisme locaux… Tous les plus beaux spots de la région en sont. Oberwald, lieu du départ, est un exemple parfait de la petite station de ski familiale à souhait. Bon point pour l'organisation, le dossard donne accès au train gratuitement pour éviter les transferts en voiture. C'est valable pour toutes les autres courses, un dossard = train à volonté pour rejoindre sa ligne de départ. Rien que pour le trajet, vertical à souhait, qui emmène les coureurs à la petite gare de Finhaut pour le 100 km, cela vaut la peine de s'inscrire !

Traverser le Valais d'est en ouest pour une arrivée les pieds dans l'eau !

On reprend les codes du Tor avec une course balisée de bout en bout, des bases de vie, et de nombreux ravitaillements avec la traditionnelle raclette qui justifie, pour certains, de s'inscrire tous les ans. Pour les becs sucrés, il n'est pas rare de passer devant un refuge qui sert la fameuse meringue à la crème double.

Mais outre ces considérations gastronomiques, il est demandé aux participants une très bonne autonomie en milieu « hostile ». La montagne change du tout au tout en fonction de la météo et y parcourir 10 km n'est pas si facile de nuit sous la pluie… Même s'il suit la plupart du temps des chemins de randonnée balisés, il n'en reste pas moins que le SwissPeaks propose un parcours très alpin, technique, exigeant, nécessitant d'excellentes capacités en montagne. L'assistance aux bases de vie est permise, ce qui peut permettre de bénéficier d'un soutien moral et technique qui fera toute la différence. Il y a un sac intermédiaire qui permet aux coureurs de retrouver à chaque base de vie de quoi se changer. Pour le moment, pas besoin de monter un dossier pour s'inscrire comme pour la PTL, pas de loterie comme pour le Tor des Géants : le SwissPeaks Trail reste accessible à tout le monde, profitez-en tant qu'il est temps !

BON à SAVOIR

On essaiera de faire des « recos » sur le parcours, ce qui est l'idéal pour appréhender le terrain de jeu. La vitesse n'est pas le plus important, ce qui compte, c'est d'anticiper où l'on va mettre les pieds le jour J. Côté préparation mentale, une reconnaissance est aussi une force parce qu'on s'approprie des points de repère qui permettront de se motiver pendant la course. Faire certains tronçons de jour alors qu'on les passera de nuit pendant la course est aussi une excellente idée parce qu'on appréhende plus facilement les difficultés. C'est enfin le moment de faire connaissance avec les gardiens de refuge qui seront aux petits soins pendant la course. Le sommeil est la véritable difficulté. Il faut apprendre à faire des micro-siestes et préférer s'arrêter 30 minutes pour fermer les yeux plutôt que de s'entêter et finir par trébucher en prenant le risque de se blesser. Partir avec trois paires de chaussures permet d'en changer à chaque base de vie, tout comme prévoir une tenue de rechange chaque matin et chaque soir pour la nuit. Question alimentation, sur des distances pareilles, on évite de se prendre la tête et on écoute ses besoins avant tout.

Trail Verbier Saint-Bernard by UTMB®
Les Alpes version Suisse

- **X-Alpine : 140 km – 9 300 m de D+**
- **Date : juillet**
- **Départ et arrivée : Verbier**
- **Temps maximum : 42 h**
- **Niveau de difficulté : 5/5**
- **Date de création : 2010**
- **Derniers vainqueurs (2023) : Mathieu Clément, 20 h 16 min 41 s / Corine Kagerer, 25 h 30 min 40 s**
- **Site : verbier.utmb.world**

Parmi les spots que je préfère sur le parcours, les trois lacs de Fenêtre juste après La Fouly sont majestueux avec leur vue imprenable sur les Grandes Jorasses et une grande partie du Mont-Blanc côté suisse. Il arrive souvent que cette zone soit encore enneigée, ce qui rend le lieu magique. Avec l'arrivée de la partie Panossière, le parcours a gagné en beauté avec le glacier en fond d'écran et le Grand Combin, sans oublier la passerelle qui peut donner un peu le vertige mais reste un grand moment de la course. Un côté haute montagne que j'adore. J'apprécie la variété des terrains qui permettent aux coureurs d'aller des villages de montagne à 1 000 m d'altitude à la cabane d'Orny, refuge typique de notre Valais. Elle permet de découvrir différents types de terrains avec des chemins de montagne larges et roulants mais aussi du single beaucoup plus technique, tout comme des grosses montées qu'il vaut mieux être préparé à encaisser. Grâce à l'enthousiasme des locaux qui se sont approprié cet événement, on ne peut qu'avoir envie de revenir encore et encore à Verbier !
Jules-Henri Gabioud, vainqueur de la X-Alpine en 2014 et 2016

Assez paradoxalement, si la Suisse fut un des premiers pays européens à proposer des courses de montagne sur de courtes distances, elle a mis un peu plus de temps à se lancer sur l'ultra long. Le trail Verbier Saint-Bernard a été créé par un groupe de passionnés qui ne voyaient pas pourquoi ils ne pourraient pas faire aussi bien (voire mieux...) que leurs voisins. Les finishers apprécient unanimement la beauté du parcours et sa difficulté. Avec une moyenne de 50 % d'abandon sur la version longue, on comprend aisément qu'il est loin d'être facile d'en voir le bout. Mais parmi les modifications apportées par l'arrivée de la licence UTMB®, il y a justement la volonté de calmer un peu le jeu avec les difficultés. Il ne s'agit pas de les rendre plus accessibles mais de les répartir de façon plus équilibrée pour laisser aux traileurs le temps de souffler un peu.

Un nouveau parcours en 2022 pour des difficultés mieux réparties et une nouvelle arrivée !

Le départ est donné à 22 heures sur la petite place de Verbier, les frontales sont allumées pour filer *via* un chemin de crêtes splendide vers Sembrancher. On reprend son souffle sur les chemins qui mènent d'un petit village de montagne à un autre jusqu'à Champex-Lac. Les difficultés commencent avec une

grimpette vers la cabane Orny qui culmine à 2 826 m. Catogne, qui terrifiait les participants par sa technicité et sa verticalité, n'est plus, sa suppression entraînant les coureurs en quelques heures vers La Panossière, son pont suspendu et son refuge minéral perché sur son caillou qui donne envie de maudire l'organisation sur 15 générations ! Mais admirer le Grand Combin et ses 4 314 m mérite bien qu'on transpire un peu. Avant tout, il ne faut pas oublier la beauté de La Fouly, les somptueux lacs de Fenêtre, le légendaire col du Grand-Saint-Bernard, le col des Chevaux et le col de Mille... La dernière base est aussi synonyme pour les coureurs de dernière grosse difficulté à gérer, le terrible col de la Chaud, véritable mur de 1 200 m. Une fois arrivé à son sommet, et un dernier bol de soupe avalé, il ne reste plus qu'à dévaler vers Verbier et sa ligne d'arrivée. Face aux difficultés du parcours, on serait tenté de se décourager mais il suffit de voir le nombre d'habitués qui reviennent chaque année pour comprendre qu'au-delà des chiffres de dénivelé, cette course offre une expérience unique.

BON à SAVOIR

Si le long format est volontairement dur, la version X-Traversée, à savoir 73 km pour 5 300 m de dénivelé positif avec des barrières horaires un peu plus souples, est idéale pour une plongée dans l'ultra version suisse. Le départ de La Fouly permet de profiter de la deuxième partie du parcours qui est aussi très belle. Verbier reste une station chère en Suisse, mais dès qu'on vise la vallée, les tarifs baissent aussi vite que le dénivelé. Et le système de remontées gratuites au pied du train permet de limiter au strict minimum son empreinte carbone. Attention, les restaurants sur la station sont souvent pris d'assaut la veille de la course pour la Traversée ou juste avant le départ de la X-Alpine, pensez à réserver, cela vous évitera les galères. Se garer peut aussi se révéler compliqué, idéalement, on restera sur le parking du Chable, gratuit, où on retire son dossard pour privilégier la télécabine gratuite qui reste ouverte exceptionnellement pour faciliter les déplacements des coureurs.

La Sportiva Lavaredo Ultra Trail by UTMB®

« Uno, due, tre » montagnes !

- **120 km – 5 850 m D+**
- **Période : juin**
- **Départ et arrivée : Cortina d'Ampezzo**
- **Temps maximum : 30 h**
- **Niveau de difficulté : 4/5**
- **Date de création : 2007**
- **Derniers vainqueurs (2023) : Jonas Russi, 12 h 13 min 04 s / Fiona Porte, 14 h 57 min 36 s**
- **Site : lavaredo.utmb.world**

Je ne connaissais pas cette région du monde et j'ai eu la chance de voir le lever du soleil en arrivant devant les Tre Cime… Autant dire que j'en ai pris plein les yeux ! J'étais arrivée la veille, je ne savais pas du tout où j'allais poser mes baskets mais j'avais vu des photos de ces trois montagnes, qui m'avaient follement donné envie de venir. La première partie se court de nuit, ce qui pourrait être dommage si les paysages étaient hors norme mais ça tombe bien parce que ce sont surtout des sous-bois, qui permettent juste de se mettre en jambes. Je pensais que ce serait similaire aux Alpes, mais pas du tout ! Le paysage est très minéral, les montagnes sont réservées aux grimpeurs et pas aux traileurs comme chez nous. Cette inaccessibilité rend le lieu atypique. La première partie est assez roulante mais la fin, plus montagne et plus technique, compense largement ce que certains pourraient considérer comme un parcours un peu « ennuyeux ». L'organisation est purement italienne avec un show à l'avenant. Le moindre randonneur encourage les coureurs ! C'est une des plus belles courses de ma petite carrière, j'ai géré du début à la fin en battant même le record féminin.

Camille Bruyas, 1re féminine du Lavaredo 120K, édition 2021

Avec ces 120 km et son dénivelé positif de 5 800 mètres, le Lavaredo est très vite devenu la course incontournable du début de l'été. Le départ à 23 heures n'est pas sans rappeler celui de la Saintélyon et demande au coureur d'arriver le plus frais possible, après une bonne sieste, ce qui est souvent plus facile à dire qu'à faire. Les 30 premiers kilomètres sont roulants, ce qui nécessite une vraie préparation axée sur la vitesse pour perdre un minimum de temps et arriver à temps face aux Tre Cime pour le lever du soleil. Mais ce n'est pas le moment de lambiner, il faut attaquer la montée vers le refuge Auronzo au kilomètre 48, qui est loin d'être une partie de plaisir, d'autant que les effets de la nuit blanche commencent à se faire sentir. Nombreux sont les coureurs qui vont dormir un peu avant de repartir plus frais dans une descente de presque 12 km suivie d'un plat interminable, où il faudrait courir mais où la plupart du temps, les cliquetis des bâtons donnent le rythme aux forçats de la marche rapide.

Trois sommets à admirer en 30 heures de course

Il faut serrer les dents pour affronter la dernière grosse difficulté de la course, le col Gallina et ses multiples dents avant la descente vers la ligne d'arrivée à Cortina. Il faut aussi beaucoup de patience pour déchausser à chaque traversée de torrents ou de rivières, même si très vite, les traileurs acceptent d'avoir les pieds mouillés… Tant pis pour les ampoules qui risquent de se former, on est trop proche de la ligne d'arrivée pour s'en préoccuper. Cailloux, névés, prairies, cirques où la minéralité domine. La ligne d'arrivée est déjà là avec souvent une seule idée en tête : revenir l'année prochaine !

BON à SAVOIR

La plus petite distance, à savoir le 20 km, est ultra-technique et demande un pied alpin. La version 50 km est une bonne idée pour se familiariser avec le parcours, elle propose une arrivée et un départ de Cortina alors que le 80 km change de départ tous les ans, impliquant une prise de navette. Il y a une grosse offre hôtelière sur place avec des prix assez abordables à condition de s'y prendre tôt. Mais il y a plus simple comme destination si on veut y aller en transports en commun… Car même si vous vous déplacez en train, vous devrez finir en bus. Le conseil de Camille : essayez de rester quelques jours après la course pour faire de la *via ferrata* sur les fameuses falaises que vous aurez admirées au lever du soleil !

Tor des Géants
Le bien nommé…

- **330 km – 24 000 m D+**
- **Période : septembre**
- **Départ et arrivée : Courmayeur**
- **Temps maximum : 150 h**
- **Niveau de difficulté : 5/5**
- **Date de création : 2010**
- **Derniers vainqueurs (2022) : Jonas Russi, 70 h 31 min 36 s / Sabrina Verjee, 80 h 19 min 38 s**
- **Site : www.torxtrail.com/fr**

Au Tor des Géants, on sent que l'on fait partie pendant quelques jours d'une course mythique portée par toute une région. À chaque passage dans un village de montagne ou un refuge, les habitants nous encouragent. On pourrait presque comparer cet enthousiasme contagieux à celui que l'on ressent sur la Diagonale des Fous à La Réunion. Côté parcours, le Val d'Aoste offre une grande variété de paysages. Apercevoir sur la même course le Cervin, le Mont-Blanc, la dent d'Herens et le mont Rose, sans oublier le Grand Paradis, ce n'est pas rien ! Mais la saison peut engendrer des changements climatiques assez difficiles à gérer, dont il faut tenir compte pendant sa prépa et pour faire son sac intermédiaire.
Perrine Fage

En quelques années, le Tor des Géants s'est fait une réputation internationale chez les ultra-traileurs accros aux chiffres qui rendent fous : 330 km, 24 000 de dénivelé positif, le tout à parcourir en 150 heures. C'est l'occasion unique de découvrir la beauté du Val d'Aoste.
Le Tor est balisé, ce qui est loin d'être un détail lorsque la fatigue se fait sentir. La course est individuelle, même si rien n'interdit aux coureurs de faire route commune, ce qui est une très bonne idée lorsque le sommeil vient à manquer. La présence de ravitaillements et de bases de vie permet aux coureurs de reprendre des forces avant de repartir, même si les règles y sont souvent assez strictes. On ne peut pas par exemple y dormir plus de 2 heures s'il y a trop de monde. Quant au parcours, il est connu puisqu'il est le même chaque année.

Plus qu'une course, le Tor des Géants est une véritable épopée !

Le parcours fait le tour du Val d'Aoste au sens propre comme au figuré. On part de Courmayeur dans le sens inverse des aiguilles d'une montre, direction Cogne avec une première grosse difficulté, le col Colson qui culmine à 3 299 m. Pas le temps de souffler, il faut très vite repartir à l'assaut du col de la Fenêtre avant de dégringoler vers la base de vie de Donas. Vous êtes à peine à mi-course, mais il est conseillé d'y reprendre des forces avant de repartir vers le Mont-Rose, et la base de vie de Gressoney

Saint-Jean. Si sur le papier les coureurs grimpent moins haut, l'enchaînement des cols cumulés n'en est pas moins quasi l'équivalent d'un autre mont, le blanc, c'est dire si on est loin d'une promenade de santé. 200e kilomètre, le parcours frôle la frontière suisse à proximité du fameux Mont-Cervin. Les cols Pinter, di Nana, Vessonna, Champillon et Malatra rythment la lente avancée de l'ultra-traileur épuisé qui bénit les ravitaillements tenus par des bénévoles valdotains aux petits soins. Les derniers, Bertone et Bonatti, rassurent les habitués de l'UTMB® qui savent où ils mettent les pieds. Courmayeur n'est plus qu'à quelques encablures. La ligne d'arrivée et les fameuses cloches sont là. Pour beaucoup, l'épopée est synonyme d'une semaine entre parenthèses dans leur vie. Ils ont appris à dompter leur sommeil… ou pas… Ils ont vu des monstres dans les arbres, entendu des sirènes chanter mais aucun doute, ils reviendront changés.

BON à SAVOIR

Comme la plupart des ultras qui ont gagné une réputation internationale, le Tor est sur loterie, on n'a donc aucune garantie de pouvoir y participer. En plus de son sac de course, il faut veiller à préparer le plus efficacement possible son sac intermédiaire, que l'on retrouvera à chaque base de vie. Parmi les conseils à garder en tête, on peut noter l'ordre des étapes à l'arrivée dans ces bases : se changer, manger, se faire soigner les pieds, s'allonger et tenter de dormir un peu. Même si on ne dort pas, le fait de fermer les yeux est toujours bénéfique. Il faut éviter de se faire soigner les ampoules l'estomac vide, une hypoglycémie doublée d'un épisode de douleur, c'est le malaise vagal assuré ! L'assistance est possible mais ne doit surtout pas dispenser du sac intermédiaire. Les règles sur les dernières éditions étaient très strictes, il faut donc penser à se renseigner en amont pour éviter la pénalité.

Maverick Race Jurassic Coast
God save the trail !

- **56 km – 1 579 m D+**
- **Période : octobre**
- **Départ et arrivée : Château de Corfe – Dorset**
- **Temps maximum : 9 h**
- **Niveau de difficulté : 3/5**
- **Date de création : 2012**
- **Derniers vainqueurs (2022) : Thibault Rouffineau, 5 h 02 min 45 s / Haley Bellerby, 5 h 52 min 15 s**
- **Site : www.maverick-race.com**

La course vous amène sur les sentiers de la Maverick Race sur la côte sud-ouest de l'Angleterre. Elle compte plusieurs distances, tout le monde y trouvera son bonheur et pourra profiter de l'occasion pour explorer les sentiers côtiers uniques avec vue sur la Manche. On trouve sur le parcours de nombreux passages où doubler est impossible, et même parfois des descentes bien techniques, sans parler des vieilles marches en bois souvent rendues très glissantes par l'usure. Mais c'est une caractéristique typique de la campagne anglaise ! Même si ce n'est pas la montagne, les montées peuvent être cassantes. Mais pas de panique, les barrières horaires généreuses comme le sont les ravitaillements, des bénévoles aux petits soins et l'organisation au niveau vous aident dans cette aventure. Il faut prendre le temps après la course pour profiter au maximum de l'ambiance du « village » et des nombreux points de restauration prévus. Pour ceux qui se rendent dans le Dorset pour l'événement, il existe de nombreuses options d'hébergement à proximité, en particulier dans les villes telles que Wareham et Swanage qui sont accessibles en voiture depuis le « Race Village ». Il faut réserver car la région est très populaire auprès des touristes toute l'année. Si le temps le permet, ne ratez pas la visite du château historique de Corfe et ne repartez pas sans une balade sur la plage de Lulworth.
Dai Davies, auteur du site runwithdai.com

Maverick Race, c'est un organisateur de courses qui propose bon nombre de formats tout au long de l'année, que ce soit en Écosse comme pour la Jurassic Coast, mais aussi en Slovénie ou au Maroc pour des camps d'entraînements. Toutes les distances existent mais nous avons fait le choix de vous présenter celle-ci parce qu'elle représente bien la philosophie de l'organisateur.
Au bout de la péninsule de Purbeck au sud de l'Angleterre, le petit village de Corfe Castle abrite les restes d'un château légendaire en Angleterre puisqu'il fut construit par Guillaume le Conquérant au xe siècle. Ses fortifications furent érigées pour protéger le pays des envahisseurs venus de la mer, c'est donc en partie un parcours côtier où il faut affronter une météo parfois capricieuse voire un vent violent.

Une vraie balade historique entre terre et mer

Autre point historique faisant partie de la balade, St Aldhelm's Head, promontoire rocheux face à la Manche, présent depuis le jurassique, qui donne son nom à la course. Les fameuses falaises crayeuses blanches qui font aussi partie du décor sont plus récentes mais pas moins impressionnantes.

Les chiens sont les bienvenus, la course est annoncée *dog friendly* !

Ce parcours atypique offre une balade automnale unique dans des paysages de campagne typiquement britanniques, avec la côte en plus et ses falaises à la verticale qui plongent dans la Manche. Seul défaut... la bière à l'arrivée est une bière sans alcool !

BON à SAVOIR

En Angleterre comme en Écosse, il ne faut pas d'autorisation des propriétaires de fermes pour tracer un parcours. Cela peut surprendre mais attendez-vous à traverser des champs occupés par des troupeaux de moutons sans que cela pose le moindre souci. Attention à refermer correctement la barrière ouverte derrière soi ! Pour se rendre sur place, le train est tout à fait possible. La gare de Wareham n'est qu'à 5 minutes en voiture du site, sachant qu'il existe une ligne directe depuis la gare de Londres Waterloo (prévoir 2 h 15). De nombreux Londoniens organisent des covoiturages, il suffit de consulter la page Facebook de l'événement pour s'organiser. Avec un départ trop matinal pour arriver au dernier moment, l'idéal est de réserver un lodge ou une place de camping dans le site qui sert de lieu de départ et d'arrivée (www.burnbake.com). La destination étant très touristique les hôtels sont un peu onéreux même si la période est plus calme qu'en plein été. Le meilleur petit déjeuner anglais typique de la ville se déguste au Pink Goat.

Transvulcania by UTMB®
La volcanique au sens propre comme au figuré !

- **72 km – 4 600 D+**
- **Période : mai**
- **Départ : Faro de Fuencaliente – Arrivée : Los Llanos de Aridane**
- **Temps maximum : 16 h**
- **Niveau de difficulté : 4/5**
- **Date de création : 2009**
- **Derniers vainqueurs (2023) : Dakota Jones, 7 h 02 min 16 s / Martina Valmassoi, 9 h 09 min 13 s**
- **Site : transvulcania.utmb.world**

J'ai eu la chance d'y passer trois semaines avant la course pour profiter de l'île qui est une de mes préférées dans l'archipel des Canaries. C'est la moins touristique, parce que les volcans sont toujours en activité, ce qui calme quelques velléités du côté des promoteurs, mais aussi parce que la présence d'un observatoire sur les hauteurs de l'île impose une limitation de la pollution visuelle. Le parcours est une découverte de tout ce que la roche volcanique peut offrir : lave récente, lave plus ancienne… Il faut en tenir compte dans le choix de ses chaussures parce que peu résistent à l'abrasion. Nous sommes passés cette année à 200 m d'un volcan qui fumait encore. Impressionnant ! Concrètement, on monte, on descend sur 10 km avec 2 500 de dénivelé négatif avant d'attaquer la dernière grimpette sur 6 km dans un canyon à sécher sur place. Mais cette balade du sud au nord de l'île, en suivant la dorsale de tous les volcans, des plus vieux aux plus jeunes est unique !
Germain Grangier, 5e de l'Ultra 100K en 7 h 26 min 52 s

La Transvulcania est volcanique à souhait ! Elle est idéale pour découvrir les paysages si spécifiques de Palma, l'une des îles les plus montagneuses de l'archipel des Canaries. Mais le terrain ne fait pas tout… Il faut aussi faire avec une multitude de microclimats qui font passer le coureur de zones arides à des forêts de pins endémiques, avant de se retrouver les pieds dans ce qui reste de neige de l'hiver, même si, avec le réchauffement climatique, cela devient rare.

De crête en crête

Le départ est donné à l'extrémité sud de l'île, au phare de Fuencaliente. Les coureurs empruntent une ligne de crêtes formée par une succession de cratères volcaniques nés il y a peu puisque l'île subit des éruptions volcaniques régulièrement. La dernière, en septembre 2021, s'est déroulée en contrebas du parcours, entraînant l'annulation de la course ! Première difficulté : la montée vers le cratère du Deseada, à 1 900 m, les pieds dans le sable volcanique, avant une descente vers l'Area Recreativa del Pilar. Le temps de souffler un peu sur une longue partie vallonnée, c'est reparti sur une crête menant à la caldeira du volcan Taburiente où se situe le point culminant de la course, El Roque de los Muchachos, à 2 428 m d'altitude (50e km). Le terrain est volcanique,

abrasif à souhait, les semelles des coureurs s'en rappelleront longtemps, tout comme les ischio-jambiers qui attaquent une longue descente (une vingtaine de kilomètres) vers le village de Tazacorte, qui connaît plus les pêcheurs que les traileurs. C'est le moment de sortir l'appareil photo si la météo le permet pour immortaliser la vue sur l'océan et sur les îles voisines de Tenerife, La Gomera et El Hierro.

Au pays des volcans toujours fumants...

Pas le temps de souffler, il faut filer vers la ligne d'arrivée en passant par un canyon asséché, puis une montée pavée en plein soleil qui assèche les coureurs déjà épuisés. Ils finissent parfois tellement fatigués que l'organisation installe souvent des petites piscines pour les aider à faire baisser température corporelle et cardio. Vous l'aurez compris, dompter la Transvulcania se résume surtout à savoir encaisser la chaleur et les longues descentes. Mais si les coureurs élites du monde entier s'y retrouvent chaque année, ce n'est pas un hasard : Palma mérite qu'on vienne la découvrir, baskets aux pieds.

BON à SAVOIR

La course fait aujourd'hui partie du circuit « by UTMB® » ce qui va donner une plus grande attractivité à la destination pour laquelle les vols ne sont pas chers. Option originale : profiter de l'occasion pour aller à Tenerife et prendre le bateau pour rejoindre Palma. Il faut compter entre 2 et 3 heures pour ce trajet. Le retrait des dossards commence dès le mercredi. Idéalement, on passe la semaine sur place pour s'acclimater. L'île est petite et, pour limiter les risques d'embouteillages, l'organisation a mis en place des navettes pour les accompagnants, à réserver dès l'inscription. L'offre hôtelière est importante et variée mais la destination est touristique donc on ne traîne pas pour réserver lorsque l'inscription est validée. Question gastronomie, la cuisine est très simple et largement inspirée de ce qu'on trouve sur place. N'hésitez pas à goûter le fromage rôti avec du *mojo picón* après la course, sinon la sauce vous semblera trop piquante ! Thon, poisson-perroquet, ragoût de chèvre pour les carnivores, il y a toujours des pommes de terre pour accompagner. Pour les becs sucrés, la *rapadura*, un dessert à base de miel, de sucre, d'amandes et de citron, est parfaite !

Val d'Aran by UTMB®
Quand vallée rime avec dénivelé !

- 163 km – 10 000 m D+
- Période : juillet
- Départ et arrivée : Vielha
- Temps maximum : 48 h
- Niveau de difficulté : 4/5
- Date de création : 2020
- Derniers vainqueurs (2022) : Germain Grangier, 23 h 24 min 54 s / Amandine Ginouves, 30 h 17 min 22 s
- Site : valdaran.utmb.world

Ma première surprise est venue de la végétation très verte, preuve s'il en est que la région est régulièrement arrosée. Le terrain passe du très technique au très très technique avant de revenir à du moins technique… J'ai eu le sentiment d'être vraiment par moments seul au monde dans une montagne sauvage. Ici, la complexité du terrain a limité l'impact de l'homme. Autre avantage, la limitation à trois points d'assistance fait que le coureur retrouve un peu l'essence de ce sport avec une notion d'autonomie, même s'il y a largement assez de ravitaillements. Je n'ai vu mon assistance que toutes les 8 heures en moyenne, m'obligeant à gérer les aléas de la course en grande partie seul, et j'ai adoré ! La deuxième partie de la course est presque la plus dure, il faut donc veiller à en garder sous le pied pour l'affronter. Il faut trouver le bon équilibre entre ne pas trop « traîner » et conserver de l'énergie pour affronter la journée de course.
Germain Grangier, vainqueur du 100 Miles de l'édition 2022 en 23 h 24 min 54 s

Avec un départ tardif en fin d'après-midi, l'UTMB®, le Val d'Aran fait la différence. Parcours, difficulté, dénivelé réparti de façon compliquée... cette course se mérite et ne s'improvise pas.
Si dans les Alpes les difficultés commencent réellement après Saint-Gervais, ici, rien de tout cela. Dès le départ, c'est presque un kilomètre vertical qu'il faut affronter pour se mettre en jambes. Arrivé à un peu plus de 2000 m, le coureur profite d'une vue sur Vielha qu'il vient de quitter et sur toute sa vallée. Pas question de traîner, il faut foncer vers le premier ravitaillement au bord du lac de Bassa d'Oles, qui n'est que le premier d'une longue liste, puisqu'il n'y en a pas moins de 20 dans le seul cirque lacustre de Colomèrs.

Un KV pour commencer... des lacs en nombre pour continuer

Une petite portion qui permet de souffler un peu, question dénivelé, pour rejoindre le refuge d'Artiga del Lin, et déjà il faut repartir à l'assaut de la montagne jusqu'à la cabane de Poilaner où il fait bon se poser un peu. Pas trop non plus si on ne veut pas rater la barrière horaire de Portilhon parce que même si les paysages sont dingues, il ne faut pas perdre de vue son chrono pour ne pas voir son dossard décroché par un bénévole. Le 64e kilomètre marque le grand retour des difficultés après le ravitaillement de San Joan de Toran. La suite n'est qu'une succession de montées et de descentes beaucoup trop courtes pour récupérer. Mais le jeu en vaut la chandelle avec la traversée improbable des tunnels des majestueuses mines de Liat. Qui dit dénivelé positif dit aussi souvent vue à 360°, notamment sur le lac de Montoliu et surtout, la chaîne des Pyrénées. Il est alors temps de rentrer à Vielha parce qu'il y a une cloche à faire sonner sur la ligne d'arrivée.

De la montagne à perte de vue mais aussi des villages parmi les plus beaux d'Espagne

On parle souvent de la montagne mais pas forcément de ses habitants alors que ce parcours offre la chance unique de traverser quelques-uns des plus beaux villages d'Espagne comme Bagergue, le plus haut du Val d'Aran, aussi beau l'hiver que l'été avec sa petite église romane et ses rues pavées.
Il y a aussi Salardú, capitale de Naut Aran, petite ville fortifiée au confluent des rivières Garona et Unhóla, connue pour sa fontaine du XVIIIe siècle.
Le Val d'Aran by UTMB®, c'est beaucoup plus qu'un ultra... C'est une plongée dans la culture et l'histoire de toute une région d'Espagne.

BON à SAVOIR

Les Pyrénées sont réputées pour leurs sentiers ardus et pentus mais surtout très rocailleux. Il faut donc adapter ses chaussures en fonction de cette configuration de terrain. Si l'assistance est autorisée, elle ne l'est qu'à trois points précis, Bossòst, Béret et Arties, pour une seule personne avec un sac de 30 litres maximum. Il y a bien entendu un service de navettes prévu pour faciliter les déplacements, à privilégier. Question transports justement, il y a plus simple comme destination si on veut se rendre à la course en transports en commun. Le Flexibus qui se rend à Madrid s'arrête à la Vielha, village de départ de la course.

Osto Menorca Cami de Cavalls
Tout sauf la petite !

- **185 km – 3 500 m D+**
- **Période : mai**
- **Départ et arrivée : Ciutadella**
- **Temps maximum : 40 h**
- **Niveau de difficulté : 4/5**
- **Date de création : 2012**
- **Derniers vainqueurs (2023) : Tofol Castanyer Bernat, 18 h 19 min 50 s / Claire Bannwarth, 23 h 16 min 43 s**
- **Site : trailmenorca.es/fr/ini_fr/**

Cette course, je l'ai faite trois fois, car je l'adore ! Je suis toujours surpris qu'elle ne soit pas plus connue en Europe. Son parcours incroyable reprend le chemin de ronde qui permettait la surveillance de l'île. Il est plus technique qu'on ne pourrait le penser et je me demande même comment les chevaux passaient à certains endroits. Mais il permet de découvrir des criques paradisiaques à l'eau turquoise. Il y a du dénivelé puisqu'une partie est montagneuse. D'ailleurs l'organisation annonce 3 500 m de dénivelé positif alors que nous avons tous calculé 4 500 ! Une belle originalité : le passage au bord d'un lac dans une réserve naturelle où il est demandé aux coureurs de ne pas courir pour ne pas déranger la faune et la flore. La remise des prix où tout le monde revient pour visionner le film de la course est un grand moment. On sent à quel point les organisateurs sont fiers de leur île qu'ils mettent à l'honneur de la plus belle des manières.
Christophe Le Saux, 9e du TMCDC 185 km de l'édition 2023 en 22 h 30 min 11 s

On connaît souvent sa voisine Majorque pour de bonnes mais hélas aussi pour de mauvaises raisons… Une industrie du tourisme poussée parfois à l'extrême sur certaines parties de l'île freine un peu les amoureux des grands espaces sauvages. Minorque, plus petite que sa cousine, a su se protéger. Alors quoi de plus naturel que d'y proposer un ultra-trail parmi les plus beaux de la Méditerranée !
Ici, on reprend le même principe qu'à Belle-Île : un GR, le 223, reprend un sentier créé pour assurer la sécurité contre les envahisseurs. Il suffit de le suivre de bout en bout pour faire le tour de l'île. Et c'est parti pour 185 km, même s'il existe des formats plus accessibles.

Une île ultra-protégée pour le bonheur des ultra-traileurs…

En 1993, Minorque fut reconnue par l'Unesco comme réserve de biosphère. Entre la zone de protection des oiseaux, le parc naturel du S'Albufera des Grau, les aires naturelles d'intérêt écologique et la réserve marine, près de 50 % du territoire et du littoral de l'île sont protégés. Afin de préserver le littoral, aucune route nationale ne permet d'approcher des côtes, seulement des chemins à la circulation soigneusement régulée. Ils étaient au départ destinés aux cavaliers, d'ailleurs leur nom, Cami de Cavalls se traduit par « chemins des Chevaux ».

185 km beaucoup plus variés qu'on ne pourrait l'imaginer !

Concrètement le parcours permet au traileur de découvrir des plages ultra-préservées avec une mer turquoise digne des Caraïbes, mais aussi des forêts, des pistes qui longent le littoral, sans oublier une nuit dépourvue de pollution lumineuse permettant d'admirer un ciel étoilé et la voie lactée. Même les parties goudronnées souvent détestées passent ici parfaitement parce qu'elles permettent de traverser des villages de pêcheurs tellement pittoresques qu'on se voudrait de les rater. Le long format peut faire peur mais l'organisation a eu la bonne idée de le couper en deux. Il suffit de venir une année courir le 100 et la suivante, de finir le parcours avec le 85. L'Osto Menorca Cami de Cavalls est un petit bijou qui mérite d'être sorti de son écrin pour que tout le monde puisse l'admirer.

BON à SAVOIR

On parle sur l'île le menorquí, une variante du catalan. Plus que le vocabulaire, c'est la prononciation qui change. Même si le tourisme est contrôlé, l'île accueille suffisamment d'étrangers pour qu'on puisse se faire comprendre aisément. Il n'existe pas de vol direct depuis la France, il faudra forcément faire escale en Espagne ou choisir d'aller à Majorque pour prendre le ferry. Attention : en cas de coup de soleil, ne demandez pas de la *pomada* à la pharmacie du coin, on vous servirait le cocktail local à base de gin et de limonade ! Les Anglais ont longtemps colonisé l'île, ceci explique cela. Autre surprise et non des moindres quand on connaît la voisine majorquine, l'agriculture sur Minorque se développe. Cela permet de bien y manger, et de façon locale, ce qui ne gâche rien. Ne repartez pas sans goûter les fromages de brebis mais aussi la *caldereta de langosta*, un ragoût de langoustes ou de homards en fonction de la pêche. Délicieux !

PETZL
i-run

Mathieu Blanchard

Un aventurier avant tout !

3 records principaux

- 2e UTMB® Mont-Blanc en 2022.
- 3e marathon des Sables en 2023.
- 2 h 22 min 36 s Schneider Electric Marathon de Paris en 2023.

Même si je suis devenu « professionnel », l'intérêt que je porte à un parcours reste capital dans le choix de mon programme de course. Mais avec les années, cette notion a changé. J'ai découvert l'ultra-trail qui est ma discipline et surtout la distance qui me plaît le plus en ce moment mais je ne m'interdis pas de revenir à un format plus court, ou à des parcours différents. Je souhaite rester un touche-à-tout capable de passer du marathon de Paris à celui des Sables en quelques semaines à peine. Notre sport nous permet cette polyvalence, alors autant en profiter un maximum ! D'autant que, contrairement à ce qu'on pourrait penser, je prends le temps de regarder ce qui se passe autour de moi ! Ce n'est pas parce que mon objectif reste la performance que je ne suis pas attentif à ce qui m'entoure. Je dirais même que le fait d'être élite, d'être parfaitement entraîné et préparé pour le jour J, me permet d'apprécier d'autant plus ce qui m'entoure que je reste lucide, ce qui n'est pas toujours le cas pour un concurrent plus lent mais moins préparé, souvent trop épuisé pour apprécier ce qui se passe autour de lui. Avoir professionnalisé mon activité me permet aussi d'avoir le luxe et la chance de repérer les courses en amont, comme je l'ai fait pour la Western States. Cela me permet d'explorer un parcours à fond, pour qu'il n'ait plus de secrets ou presque !

Ma course préférée parmi toutes celles que j'ai faites à ce jour ? C'est impossible parce que chacune m'a apporté quelque chose qui en fait un moment à part dans ma mémoire. Forcément passer une ligne d'arrivée en tenant la main de mon petit frère, comme ce fut le cas en Jordanie sur le HMDS, ne peut que rendre le moment totalement unique. Voir sur le bord de la route sa famille, ses amis qui ont fait le déplacement, cela vaut tous les paysages du monde. Dans ma courte carrière de traileur, j'ai un jour couru au Guatemala à côté d'un volcan en éruption, ce qui n'est pas courant. Mais à ce jour l'UTMB® Mont-Blanc 2022 reste ma course préférée parce que tout était fou en parallèle quand je l'ai disputée. La famille était présente, les amis étaient là, le parcours est magnifique – faire le tour du Mont-Blanc reste une expérience unique –, et que dire du scénario... Avec cette remontée incroyable aux côtés de Kilian Jornet et mon chrono, tout aussi incroyable ! J'ai eu la chance de faire tous les marathons prestigieux d'Amérique du Nord comme New York, Boston et Chicago, mais j'avoue que c'est dur de choisir entre New York et Paris que je viens de courir. Mon chauvinisme va me faire désigner la capitale française qui reste mon meilleur temps à ce jour, et je l'ai vécu au milieu des encouragements et de la ferveur de gens qui me reconnaissaient sur le parcours.

J'ai eu la chance de participer au Coastal Challenge, une course en étapes de 250 km au Costa Rica. Pendant une étape, j'ai vécu quelque chose de dingue ! Nous étions dans une montagne au milieu de la végétation luxuriante avec comme seuls spectateurs les singes qui nous suivaient dans les arbres. Nous devions traverser des rivières où on nous avait signalé la présence de crocodiles... et nous avons fini sur une plage paradisiaque, sans l'ombre d'une trace de civilisation, face à l'océan. Quel sport permet de vivre des choses pareilles en une journée à peine ?

Marathon de New York
Sur un air de Sinatra !

- **TCS New York City Marathon**
- **42,195 km – 250 m D+ et 230 m D–**
- **Période : premier week-end de novembre**
- **Départ : Elis Island – Arrivée : Central Park**
- **Temps maximum : 6 h 30 pour être classé – au-delà, la circulation reprend mais la ligne d'arrivée reste ouverte jusqu'au dernier participant**
- **Niveau de difficulté : 3/5**
- **Date de création : 13 septembre 1970**
- **Derniers vainqueurs (2022) : Evans Chebet, 2 h 08 min 41 s / Sharon Lokedi, 2 h 23 min 23 s**
- **Records : Margaret Okaya, 2 h 22 min 31 s en 2003 / Geoffrey Mutai, 2 h 05 min 06 s en 2011**
- **Site : www.nyrr.org/tcsnycmarathon**

Les diapos de ma mère déambulant dans les rues de Broadway, les décors de séries US écumées ou un air enivrant d'Alicia Keys, voilà ce qui m'a d'abord attiré comme un aimant : des souvenirs. Et puis quoi de plus excitant que de rendre hommage aux miens dans La Mecque du marathon? Passionné de running, boulimique de bitume, je devais vive cette aventure au moins une fois dans ma vie, quels que soient mon poids, ma santé ou que sais-je encore. Big foot dans Big Apple... Quelle ironie ! Dès le pont Verrazzano l'émotion m'a pris et ne m'a pas lâché jusqu'au finish. J'ai savouré chaque instant, même dans le dur, même quand les jambes sont devenues aussi lourdes que le reste de mon corps. C'était si beau. C'était intense. J'ai savouré chacun des miles du parcours dans la jungle new-yorkaise, j'ai projeté dans ma tête mes images de gosse : ma maman posant sur le pont de Brooklyn. J'ai reconnu aussi la brique rouge d'un immeuble du Bronx sortie tout droit d'un épisode de *Starsky et Hutch*. J'ai couru, j'ai vu et j'ai vaincu. Mais j'ai d'abord beaucoup couru ! Aujourd'hui, que m'en reste-t-il ? Ce pour quoi j'étais venu : des souvenirs... Non, mon plus beau souvenir de coureur.
Vincent Machet

Difficile de parler marathon aux USA sans évoquer New York, et pourtant ce n'est pas vraiment le plus « touristique ». Ce qui le rend unique, ce sont quelques kilomètres mais surtout 2 millions de New-Yorkais et de fans étrangers dans la rue, prêts à perdre leur voix pour encourager les héros du jour. Le marathon de New York a une histoire bien particulière et surtout très symbolique. Né en 1970 de la volonté d'un homme, Fred Lebow, excellent coureur lui-même, ses premières éditions se déroulent dans Central Park. Il faut attendre 1976 pour qu'apparaisse celui qu'empruntent environ 50 000 coureurs le premier dimanche de novembre. C'est ce qu'on appelle un marathon en ligne, qui va d'un point A à un point B. L'idée est simple : relier les 5 *boroughs* de New York, l'équivalent de nos arrondissements, à savoir Manhattan, Brooklyn, le Queens, le Bronx et Staten Island. Si cela n'a l'air de rien aujourd'hui que ces quartiers se sont gentrifiés, cela relevait d'un exploit dans les années 1980, où des gangs terrorisaient les habitants de certains quartiers.

Un hymne, une chanson et c'est parti !

Le départ est donné au son de *New York, New York* de Sinatra, mais seule la première vague a les honneurs de l'hymne américain. Silence dans la foule, certains ont la main sur le cœur, le patriotisme n'est pas une légende ici. Un coup de pistolet et ça y est, les fauves sont lâchés à l'assaut du pont de Verrazzano sous les flashs des photographes et les caméras des hélicoptères qui font un boucan d'enfer mais qui immortalisent la scène pour les télés du monde entier (plus de 300 millions de personnes dans le monde sont derrière leur petit écran à ce moment-là). Nombreux sont les coureurs qui en oublient leur temps au kilomètre pour immortaliser à leur tour leur traversée, et on les comprend ! Brooklyn est là et la foule est au rendez-vous. Les clameurs, les encouragements... Ce bruit incessant peut se révéler gênant pour certains, mais rien ne remplace le bonheur des ravitos prévus par les spectateurs qui offrent bonbons, bananes ou juste du papier absorbant pour se moucher proprement ! Tous les pompiers sont dehors, les églises et leurs chœurs de Gospel sont là. Au bout de 15 km, les coureurs arrivent dans le quartier de Williamsburg qui prend de l'ampleur. Traverser le quartier juif orthodoxe new-yorkais est une vraie expérience. Pour nous, Français, difficile de ne pas penser au film *Rabbi Jacob*... Les hommes vêtus de noir, les enfants, très nombreux, vêtus de la même doudoune ou presque et surtout, le silence, voire l'indifférence. On court sur la pointe des pieds pour ne pas déranger. C'est d'autant plus perturbant qu'on bascule en un carrefour dans le quartier cubain du Queens.

5 quartiers, 5 ponts et un parc à l'arrivée...

Juste après le 24e kilomètre arrive le fameux pont de Queenboro... Les jambes commencent à fatiguer, il semble ne jamais vouloir se terminer, le silence qui règne entre les coureurs est pesant. Alors qu'on devine la fin, la clameur des spectateurs se fait entendre... La sortie du pont est telle qu'on pourrait en perdre ses tympans ! La 1re Avenue est là avec ses 6 km en parfaite ligne droite. Le dénivelé lui semble à ce moment précis proche de celui du Mont-Blanc ! Quelques kilomètres dans le Bronx, un dernier pont, et enfin, Manhattan est là. Bon nombre de coureurs ont tendance à perdre de vue qu'ils n'en sont qu'au 35e kilomètre et que les 7 derniers vont être longs.

Pendant un long moment, on reste sur les flancs de Central Park. Ce n'est qu'au 39e qu'on y pénètre enfin pour découvrir, dépité, qu'il n'est pas plat et roulant ! La petite sortie sur la 59e est presque vécue comme une bouffée d'air frais avant de replonger dans le parc pour passer la fameuse ligne d'arrivée. La médaille est là, la désormais fameuse cape imperméable et doublée de polaire aussi. Il faut marcher encore un long moment pour retrouver ses proches et aller fêter son exploit du jour devant un burger frites bien mérité.

BON à SAVOIR

Pour décrocher son dossard, trois possibilités : un temps qualificatif, un tour-opérateur ou la loterie, gratuite mais qui fait gagner le droit de payer un dossard un peu plus de 350 dollars (le tarif augmente régulièrement). Il ne faut pas hésiter à s'y inscrire, si celle de Londres est inaccessible, celle de New York l'est aussi, et en plus elle est gratuite ! Les dossards « charities » sont aussi ouverts aux étrangers, il faut collecter en moyenne 3 500 dollars pour y avoir droit. On pense à bien se couvrir pour l'attente à Staten Island qui peut être longue. Il faut penser à prendre des vieux vêtements que l'on dépose dans des bacs prévus à cet effet, et récupérés par des associations caritatives. Les ravitaillements sont nombreux, presque tous les miles mais uniquement « liquides » et au gobelet, il faut donc penser à partir en autonomie. Arriver au dernier moment permet de ne pas souffrir du décalage horaire, dimanche matin, on est réveillé de toute façon très tôt à l'heure française et c'est beaucoup plus simple pour le petit déjeuner. Dossard bleu et orange, sur le pont, dossard vert, sous le pont... Adieu la vue unique et il sera impossible de changer. On peut partir plus tard mais pas plus tôt : dans la 4e vague, par exemple, alors que l'on est prévu dans la 2e, mais pas l'inverse. Les routes sont rendues à la circulation 6 h 30 après le départ du dernier coureur. Si on dépasse ce temps, il faut courir sur les trottoirs. Seule la partie dans Central Park est sécurisée jusqu'à l'arrivée du dernier coureur.

TRATTORIA PESCE PASTA
MATT

Marathon de Boston
Le doyen des marathons

- 42,195 – 165 D+ et 280 m D–
- Période : premier lundi d'avril
- Départ : Hopkinton – Arrivée : Boston
- Temps maximum : 6 h
- Niveau de difficulté : 3/5
- Date de création : 1897
- Derniers vainqueurs (2023) : Evans Chebet, 2 h 05 min 54 s / Hellen Obiri, 2 h 21 min 38 s
- Records : Geoffrey Mutai, 2 h 03 min 02 s en 2011 / Buzunesh Deba, 2 h 19 min 59 s en 2014
- Site : www.baa.org

Je regardais déjà le marathon de Boston à la télé avant d'y aller en 2013. J'ai le souvenir de ces fameux *school bus* où l'ambiance est tendue et excitée. C'est une longue ligne droite le long d'une voie ferrée où passent de temps en temps des trains. Le trajet est plutôt calme. Je me suis même arrêté acheter une canette de Coca ! Je passe le 40e heureux, je chantonne dans ma tête et tout d'un coup, des policiers déboulent à vélo, une coureuse à côté de moi a un téléphone et nous dit qu'il y a une explosion sur la ligne d'arrivée. Je n'envisage pas autre chose qu'un accident, à aucun moment je ne pense à un attentat*. Des barrières nous bloquent, je comprends alors que jamais je ne finirai le marathon. Sans réfléchir, je sors du parcours avant que tous les coureurs ne soient bloqués et je file rejoindre mon hôtel. C'est là que je comprends... Je ne suis jamais retourné à Boston malgré l'invitation de l'organisation.
Eric Schwartz, fondateur du club des Crazy runners et organisateur de courses

Même si la distance marathon, tout le monde le sait, n'est pas née à la fin du XIXe siècle, celui de Boston a la particularité d'être organisé tous les ans depuis 1897, ce qui en fait « le plus vieux marathon annuel du monde ». S'il a autant marqué les esprits, c'est qu'un jour, une femme, Kathrine Switzer, refusant l'ordre établi qui interdisait aux femmes d'y participer, a pris le départ dans son jogging improbable et subi les foudres de l'organisateur sous les caméras du monde entier. La légende était née ! Le marathon de Boston a une autre originalité, et non des moindres, il se court le 3e lundi du mois d'avril, le Patriots' Day, férié aux USA. Mais ce n'est pas tout ! Ses dossards ne s'obtiennent que *via* un temps qualificatif obtenu sur marathon. Il ne peut donc jamais être un premier dans une vie de coureur. Il existe depuis plusieurs années un système de *charities* qui permet à des participants plus lents de prendre le départ, dans la dernière vague qui leur est plus ou moins réservée. Il faudra tout de même collecter 5 000 dollars pour vivre son rêve, une coquette somme, mais qui profitera à une bonne cause. Autre particularité et non des moindres, le parcours est une légère descente (pas aussi évident que cela sur le terrain, croyez-nous sur parole !), aussi, aucun record sur la distance n'y est jamais validé par les autorités compétentes. Comme celui de New York, il est appelé « en ligne », ce qui sous-entend qu'il faut rejoindre la ligne de départ en bus scolaire (les fameux bus jaunes, comme dans les films américains). La petite bourgade d'Hopkinton

* En 2013, un attentat à la bombe perpétré sur la ligne d'arrivée du marathon de Boston par les frèress d'origine tchétchène Djokhar et Tamerlan Tsarnaïev fait 3 morts et 264 blessés.

voit ainsi débarquer pas loin de 30 000 coureurs qui squattent la pelouse du lycée avant de s'élancer pour rentrer à Boston en courant.

Spectatrices avant de devenir actrices...

Si l'on a en tête de revivre le brouhaha de New York, la déception risque d'être au rendez-vous. Son calme est en effet légendaire malgré quelques épisodes bruyants comme celui du Wellesley College, devenu lui aussi légendaire. Les étudiantes présentes en nombre sur le bord de la route encouragent les coureurs et leur proposent un baiser, ce que beaucoup acceptent. Quand on sait qu'Hillary Clinton y a étudié, il y a fort à parier que plusieurs coureurs ont embrassé la future première dame sans le savoir. Les 6 premiers kilomètres descendants sont à gérer avec intelligence pour ne pas se retrouver au 10e kilomètre avec certes son record sur la distance mais surtout des quadriceps en feu ! Jusqu'au 25e kilomètre, il faut profiter du plat pour reprendre des forces parce que les 10 suivants illustrent parfaitement l'expression « parcours casse pattes ». Enchaîner quatre côtes en plein « mur » est loin d'être une tâche aisée et bon nombre de coureurs voient leur objectif de temps s'envoler. Elles sont tellement difficiles à gérer que la dernière porte le doux nom de « Heartbreak Hill » (crève-cœur). À partir du 34e kilomètre, on peut souffler avec un faux plat descendant dans les faubourgs de Boston qui mène le marathonien tout droit vers la ligne d'arrivée et la foule déchaînée. Attention la dernière ligne droite sur Boylston Street mesure quand même 600 m (c'est là que l'attentat de 2013 a eu lieu). Enfin, la ligne d'arrivée est passée et la fameuse médaille à la licorne brille au cou de tous les fiers marathoniens.

BON à SAVOIR

Même si on a tous en mémoire le nom de Kathrine, Bobbi Gibb est la première femme à avoir couru Boston et son nom a réintégré le *walk of fame* de l'organisation. Elle l'a couru en 1966, mais sans dossard, alors que Kathrine, en 1967, a joué sur son initiale pour s'inscrire officiellement. Et si Bobbi n'est pas sur la fameuse photo, c'est que cette année-là elle est déjà presque en vue de la ligne d'arrivée. Elle gagnera l'édition de 1968 également. Tous les ans, la médaille est la même, seule l'année gravée dessus change. Le fameux coupe-vent de la course est très connu dans l'univers des marathoniens ; il n'est pas remis aux finishers mais en vente dans la boutique de la course. Son coloris change tous les ans et donne lieu à une annonce officielle.

Marine Corps de Washington
Le marathon en lettres capitales

- **Marine Corps Marathon**
- **42,195 km – 665 m D+ et 770 m D–**
- **Période : octobre**
- **Départ et arrivée : cimetière d'Arlington**
- **Temps maximum : 6 h**
- **Niveau de difficulté : 2/5**
- **Date de création : 1976**
- **Derniers vainqueurs (2022) : Kyle B King, 2 h 19 min 19 s / Chelsea Baker, 2 h 42 min 38 s**
- **Records : Jeffrey Scuffins, 2 h 14 min 01 s en 1987 / Olga Markova 2 h 37 min 00 s en 1990**
- **Site : www.marinemarathon.com**

Comment ne pas avoir la chair de poule des années après en repensant à ce départ tiré au canon avec tous les corps d'armée en grand uniforme et à cheval ? Et que dire de la *blue line* ? Sur un mile, les portraits des derniers morts de l'armée américaine sont là, souvent entourés de leur famille qui rendent hommage à leur sacrifice. L'émotion qui règne est forte, que l'on soit américain ou pas. C'est un marathon à part où s'entrechoquent l'histoire de ce pays, des monuments que l'on connaît tous pour les avoir vus maintes fois au cinéma, et un patriotisme certain. Un conseil ? Choisir les dates anniversaires où le décorum est de sortie !

Pierre Convert

Attention il y a deux marathons de Washington ! L'un organisé en février, le Washington's Birthday Marathon, qui fête l'anniversaire de l'homme d'État, et est organisé à Greenbelt, dans le Maryland. L'autre à l'automne, le fameux Marine Corps Marathon, organisé par les différents corps de l'armée américaine et qui a lieu à Washington même.
Le départ n'est pas donné d'un simple coup de pistolet mais d'un canon… Il faut dire que la ligne est située sur la route qui sépare le Pentagone du cimetière d'Arlington. Inutile de préciser que les quelques minutes de silence obligatoires pour écouter l'hymne américain prennent une tout autre importance lorsque l'on est entouré de militaires parfois rentrés handicapés de leurs missions. Et c'est parti pour une balade de 42 km à la découverte des principaux monuments de la ville.

Un marathon de capitale avec un monument d'émotion…

La première partie est verte et permet de passer le Potomac pour rejoindre l'autre rive avec une vue parfaite sur l'île Franklin-Roosevelt. Après le fleuve, la rivière de Rock Creek sert de ligne de vie pour emmener les coureurs aux portes du zoo national avant d'effectuer un *half turn* (demi-tour) pour retrouver les rives du Potomac et ses monuments célèbres : le Lincoln Memorial, le Jefferson Memorial, le National Mall qui permet d'admirer les musées de la ville dont le fameux musée de l'Air et de l'Espace, ou encore le Capitole, devant lequel les coureurs font de nouveau demi-tour avant un finish mémorable au cimetière d'Arlington. Seule déception : le parcours ne passe pas directement devant la Maison-Blanche pour des raisons de sécurité nationale, mais on l'aperçoit au fond de son parc à deux reprises sur le parcours. L'arrivée est unique en son genre : la médaille est remise par des militaires en treillis et le ravitaillement est remis en mode « ration de survie » pour rester dans le thème. Inutile de préciser qu'il y aura la queue devant le monument à la mémoire des marines morts au combat pour la photo souvenir. Bon nombre de coureurs sont surpris de ce marathon qui réussit le pari d'être à la fois « ultra-vert » et « ultra-touristique », ce qui le rend unique, surtout aux USA.

BON à SAVOIR

Si on s'organise bien, il y a moyen d'enchaîner Washington avec New York, des tour-opérateurs offrant des packages. L'organisation propose d'autres distances dont un 10 km lui aussi ultra-touristique, format idéal pour que l'accompagnant participe à la fête. Ici et contrairement à New York, la grande majorité des musées sont gratuits et didactiques. La ville étant la destination de voyage scolaire de la très grande majorité des lycées américains, les musées se sont adaptés à leur jeune public. Le bar de l'hôtel Washington offre la vue la plus incroyable sur les monuments de la ville, c'est le lieu rêvé pour fêter sa médaille après la course ! Contrairement à beaucoup de marathons, celui-ci n'offre pas de primes aux premiers arrivants, ce qui lui vaut le surnom de « marathon du peuple » : du premier au dernier, la seule récompense est une même médaille.

Big Sur
All you need is green !

- **Big Sur International Marathon**
- **42,195 km – 665 m D+ et 770 m D–**
- **Période : avril**
- **Départ : Big Sur Station – Arrivée : Carmel**
- **Temps maximum : 6 h**
- **Niveau de difficulté : 4/5**
- **Date de création : 1986**
- **Derniers vainqueurs (2023) : Ben Bruce, 2 h 37 min / Anne Flower, 2 h 56 min**
- **Records : Svetlana Vasilyeva, 2 h 41 min 34 s en 1996 / Jonathan Ndambuki, 2 h 18 min 05 s en 2022**
- **Site : www.bigsurmarathon.org**

C'est un marathon vert de bout en bout ! Le départ dans la forêt de séquoias géants de Big Sur est incroyable mais c'est compter sans le moment où l'on arrive face à l'océan pour rejoindre la fameuse Highway 1, où la quiétude des coureurs est perturbée par les cris des éléphants de mer qu'on pourrait prendre pour des encouragements. Le parcours est magnifique mais se mérite vraiment parce qu'il est tout sauf roulant et que le vent est souvent de la partie. Mais la musique et les fraises des ravitaillements font oublier tout ça ! L'arrivée à Carmel est splendide avec une ambiance hippie qui nous plonge dans l'histoire de la région.
Dany Convert

Baptisé le marathon le plus vert des USA, il est peu connu en France mais fait souvent partie du top 3 des marathons des runners américains. Il a tout pour lui : une organisation impeccable mais surtout un parcours hors norme.
Située en Californie, Monterey, la ville de retrait des dossards, entre montagne et océan, est connue grâce à la série *Big Little Lies*. Mais Big Sur, à quelques encablures est également connu pour être le lieu de résidence de Sharon Stone dans *Basic Instinct*. Plus proche de nous, Romain Gary vante la beauté de ses plages dans *La Promesse de l'aube*. On l'aura compris, un lieu pareil ne pouvait pas laisser indifférent les organisateurs de courses.

La mer qu'on voit danser… Et les fraises qu'on peut déguster !

Même s'il est vert, il n'en reste pas moins un marathon et c'est sur la route que les coureurs réalisent leurs 42 km, mais pas n'importe quelle route… La Highway 1 ou California State Route 1 longe la côte californienne du nord au sud, offrant des paysages uniques. N'allez pas vous imaginer que la proximité de la plage et de la mer rend la chose roulante, il n'en est rien et la fameuse côte de 3 km à plus de 4 % de moyenne avant la mi-course laisse souvent de mauvais souvenirs aux participants, surtout si le vent est de la partie. Avec presque 700 m de dénivelé positif sur l'ensemble du parcours (mais tout autant en négatif, c'est toujours ça de gagné !), on l'aura compris, pas de record à prévoir ce jour-là. Mais ça tombe bien ! Parce qu'il serait dommage de ne pas profiter de l'ambiance décalée prévue par l'organisation. Autre particularité, et non des moindres, l'ambiance musicale variée sur le parcours avec l'incroyable concert de piano à queue au pont de Bigsby et l'improbable groupe de danse du ventre qui brille de mille paillettes. Côté ravitaillements, si l'on retrouve la tradition américaine, à savoir uniquement du liquide et quelques gels du partenaire nutrition, le stand de fraises est connu dans tout le pays. Pour rester dans le thème *green*, la médaille est en bois depuis plusieurs éditions.

BON à SAVOIR

Il ne faut surtout pas hésiter à choisir les hôtels proposés par l'organisation pour son séjour sur place et profiter ainsi des navettes pour se rendre au départ. Information très importante : si les marathons américains sont souvent généreux pour le temps imparti, celui-ci est limité à 6 heures ! Au-delà, non seulement on n'obtient pas sa médaille, mais surtout la route est rendue à la circulation. C'est donc à ses risques et périls que l'on rejoint le village d'arrivée. Pour les plus joueurs, il existe un défi très connu aux USA, le B2B, à savoir enchaîner le marathon de Boston et celui de Big Sur 13 jours plus tard. Attention, cela ne dispense pas du temps qualificatif pour Boston.

Red Rock Canyon Marathon
Quand le désert prend feu !

- **42,195 km – 337 D+**
- **Période : janvier**
- **Départ et arrivée : Visit Center Red Rock Canyon**
- **Temps maximum : 7 h**
- **Niveau de difficulté : 2/5**
- **Date de création : 2008**
- **Derniers vainqueurs (2023) : Maxwell Jolliffe, 2 h 54 min 33 s / Erika Maurer, 3 h 49 min 51 s**
- **Records : Sean Birren, 2 h 48 min 17 s en 2009 / Penny Parrish, 3 h 12 min 30 s en 2021**
- **Site : www.calicoracing.com/events/red-rock-canyon**

J'ai découvert cette course par hasard et j'ai eu la chance de vivre une expérience d'autant plus dingue qu'il avait neigé la veille de mon arrivée. Certes, la course est au mois de janvier mais cela reste exceptionnel. Si la neige avait fondu en ville en quelques heures, dans le désert, il restait une pellicule blanche qui a rendu les paysages encore plus beaux. Courir dans ce désert à une heure de Vegas vaut vraiment la peine de se lever aux aurores !
Cécile Bertin

Réussir la fusion entre un marathon sur route et un décor digne des trails les plus beaux du monde, c'est le pari fou largement relevé par l'organisation du Red Rock Canyon Marathon. Quand on sait que la saison choisie permet d'éviter les grosses chaleurs propres au désert, c'est le défi idéal pour les amoureux des courses atypiques. Beaucoup de coureurs français connaissent le marathon de Las Vegas qui offrait le luxe inouï de dévaler le strip à fond les ballons, mais voilà, après plusieurs années d'existence, l'organisation a décidé de se concentrer sur la distance du semi et du 10 km tout public. Adieu la découverte de la banlieue de la ville au petit matin, bonjour Las Vegas au coucher de soleil avec les hôtels qui scintillent de mille feux ! Tout le monde gagne au change, la partie dans la périphérie de la ville manquait sérieusement d'intérêt.

L'autre visage de Las Vegas...

Pas de panique, il reste un marathon à quelques kilomètres de la ville lumière, et quel marathon ! Le Red Rock Canyon est un endroit fascinant. Certes, y courir 42 km se mérite mais on oublie vite ses douleurs devant ces roches rouges uniques au monde. La magie opère dès le retrait du dossard qui a lieu dans un hôtel partenaire. Et à Vegas, qui dit hôtel dit casino. D'emblée, on est plongé dans l'ambiance locale. Pas de panique, il n'y a aucune obligation de louer une voiture pour se rendre

jusqu'à la ligne de départ, des bus sont affrétés dès 5 heures du matin pour les participants encore endormis qui auront croisé les joueurs noctambules, assis derrière leur machine à sous porte-bonheur. Le parcours emprunte une « Backcountry Scenic Byway », à savoir l'équivalent de nos routes touristiques. Elle offre aux coureurs parmi les plus belles vues du désert de Mojave. Certes, il faut s'attendre à opérer un demi-tour puisque le marathon est une boucle mais les couleurs changeant au cours de la matinée, on a le sentiment de découvrir quelque chose de nouveau à chaque fois. Ici règne une ambiance intime : hormis des familles venues encourager leurs champions ou quelques touristes curieux, le gros des spectateurs sont les coureurs eux-mêmes qui ne manquent jamais une occasion d'encourager leurs pairs. Rares sont les parcours qui réussissent à mixer à ce point nature et bitume, c'est pour cela que le Red Rock Canyon Marathon mérite d'être découvert.

BON à SAVOIR

L'organisation est à l'américaine, simple mais efficace. Le système de bus pour le Red Rock Canyon fonctionne très bien et est indispensable, le parking étant compliqué. Le ravitaillement de l'arrivée est à 100 % USA : bretzels, chips et bonbons en masse ! Comme toujours de l'autre côté de l'Atlantique, le ravitaillement pendant la course se limite à de l'eau, de la boisson énergétique et quelques gels de la marque partenaire. Attention, on est en janvier et qui dit désert à cette saison dit aussi froid ! Le coupe-vent, voire la petite doudoune, est loin d'être une option.

adidas
adidas

Dominique Chauvelier

La mémoire du marathon français

Pendant toutes mes années, en tant que professionnel, je n'ai pas choisi les marathons pour autre chose que ma carrière. Ce qui me guidait, c'étaient les sélections, les compétitions nationales ou internationales, ou tout simplement les primes puisqu'il faut bien gagner sa vie. Mais ce n'est pas parce que je courais après le chrono que je n'ai pas pris énormément de plaisir à courir le marathon de New York par exemple, qui est grandiose, autant pour l'amateur que pour le performeur. L'avantage d'être un homme de championnat comme je l'étais dans les années 1980, c'est que cela m'a aussi permis de découvrir des parcours un peu partout en France puisqu'ils avaient été choisis par la FFA : Rouen, Reims, Nice, Beuvrages à côté de Valenciennes... Je me suis bien baladé à la découverte des marathons français !

Assez étonnamment, si le parcours passe souvent au second plan lorsqu'on est concentré sur son chrono, on n'oublie pas l'ambiance et le public. Même si j'étais axé sur mes sensations, j'étais aussi à l'écoute des bruits environnants. Sur le marathon de New York, je me suis offert un « solo » sur la 1re avenue après avoir tout donné pour être en tête de mon groupe, avec un public en délire total... Des moments comme ça, on ne peut pas les oublier et à chaque fois que je me remémore cette avenue des frissons me parcourent, je revis la scène. J'ai aussi adoré le côté festif du marathon du Médoc où les déguisements des participants sont un vrai spectacle en soi. D'ailleurs avec mon club, on choisit souvent un marathon festif pour terminer la saison tous ensemble.

Parmi les parcours que j'ai trouvés sans intérêt, il y a Berlin qui, en dehors des 500 premiers mètres, des 500 derniers et de la porte de Brandebourg pour son intérêt historique, est d'un ennui total. Le seul intérêt à mes yeux, c'est qu'il est plutôt roulant. Londres réussit le pari d'avoir une ambiance de folie avec du public tout le long mais aussi un parcours, certes peu roulant au sens, mais tellement touristique qu'on en oublie les difficultés, quoique Kelvin Kiptum l'ait remporté en signant le deuxième temps de l'histoire (2 h 01 min 25 s) ! Chicago est à égalité dans mon top 3 des marathons à faire absolument, là encore pour l'ambiance et l'intérêt. Rome ? Trop de pavés ! Madrid ? Trop de dénivelé... ça monte et ça descend tout le temps...

Un moment marquant dans ma carrière ? Le marathon de Pékin en 1988. C'était un an avant les événements de la place Tian'anmen. Nous étions un maximum de 500 participants et j'ai fini 4e en 2 h 12 min. Je n'avais pas été sélectionné pour les jeux Olympiques de Séoul et je voulais prendre ma revanche en montrant à ma fédération ce que je valais. Finalement, ce qui n'était au départ qu'une petite provocation est devenu un de mes souvenirs les plus forts... La découverte de Pékin m'a beaucoup marqué tant j'ai été dépaysé ! Autre marathon, celui de Laredo, en Espagne, où je suis allé deux fois avec un aller-retour très balnéaire que j'ai beaucoup aimé. En France, le Mont-Saint-Michel faisait partie de mes préférés du temps des premières éditions, avant les travaux, quand les coureurs finissaient au pied des remparts ou presque. Il faut aussi savoir choisir une destination pour le séjour que l'on va organiser autour, en arrivant avant ou en restant pour visiter.

Palmarès

- Champion de France marathon 1981, 1990, 1991 et 1993, et 30 sélections en équipe de France.

Records

- Marathon : 2 h 11 min 24 s
- Semi-marathon : 1 h 02 min 34 s
- 10 000 m : 28 min 50 s 08 ct

G2G
Au pays du Far West !

- **Grand to Grand Ultra**
- **275 km – 5 499 D+ et 4 477 D–**
- **Période : septembre**
- **Départ et arrivée : Kanab**
- **Temps maximum : les heures limites sont de 13 heures sur l'étape 1, 12 heures par jour sur les étapes 2 à 5, à l'exception de l'étape 3 (étape longue) qui est de 34 heures et de l'étape 6 qui est de 2 à 4 heures en fonction de l'heure de départ.**
- **Niveau de difficulté : 4/5**
- **Date de création : 2012**
- **Derniers vainqueurs (2022) : Merile Robert, 30 h 24 min 09 s / Catherine Tosi, 42 h 56 min 42 s**
- **Site : g2gultra.com**

Je rêvais de courir aux USA et lorsque je suis tombé sur le teasing de cette course j'ai accroché. Tout a été à la hauteur de mes espérances. J'ai bien aimé qu'on doive se débrouiller pour se rendre au départ, cela fait partie de l'aventure. Dès Kanab, on est mis dans l'ambiance avec des ultra-traileurs venus du monde entier qui envahissent les rues. On croise autant un cow-boy qu'un Écossais en kilt ! Le départ se fait dans les *school bus* jaunes comme dans les films, pour rejoindre un décor de folie au-dessus du grand Canyon où l'organisation sert un dîner parmi les meilleurs jamais pris à la veille d'une course. Et c'est parti pour un parcours où les cactus donnent le la, accompagnés des coyotes la nuit. On bouffe presque plus de sable que sur le marathon des Sables... Mais l'ambiance conviviale et familiale fait oublier les difficultés. Le supplément de confort, l'eau chaude à volonté, les tentes fermées, tout cela fait la différence, sans parler de la tranquillité et de la nature sauvage. Et que dire des pizzas à l'arrivée ? J'ai engouffré 5 margaritas au moins ! Et j'ai essuyé une larme lorsqu'une coureuse a fini dans les bras de son mari et de ses enfants venus de leur ranch, chapeau de cow-boy sur la tête pour l'accueil. Tout le monde reste à attendre le dernier avant de filer se doucher et de se préparer pour le dîner de gala.

Axel Vilaseca

G2G pour Grand to Grand, une des courses en étapes et en autonomie alimentaire les plus belles qu'il soit donné de courir, mais surtout une des plus cinématographiques. Courir au pays des cow-boys et des Indiens... Avoir le sentiment qu'une diligence va débarquer à tout moment pour vous dépasser sur le chemin, c'est ça, le G2G ! Considérée comme plus dure qu'un marathon des Sables, elle est la course de tous les superlatifs. Chaleur, végétation hostile, parcours varié, chaque jour donne le sentiment d'avoir changé de pays tant les paysages sont différents. Derrière une course, très souvent il y a un ou une passionnée d'ultra-trail. Dans le cas du G2G c'est une femme, Tess Geddes, qui a eu envie de créer sa propre course, la première de ce format aux USA, en offrant aux participants un camp au bord du Grand Canyon dès la première nuit. Tout y est ! Les cow-boys qui gèrent le buffet du dernier dîner sans lyophilisés ou qui jouent les serre-files pour ramasser les coureurs épuisés... Il faut dire qu'avec 275 km à parcourir en 6 jours, soit 25 km de plus que pour un marathon des Sables, et, cerise sur le gâteau, 6 000 m de dénivelé positif et une arrivée à 2 651 m d'altitude, rien n'est fait pour leur faciliter la tâche.

Pour jouer aux cow-boys et aux Indiens !

Le rendez-vous est donné à Kanab, une bourgade d'à peine 3 000 habitants mais, surtout, un surnom qui dit tout... « Little Hollywood » parce que ses rues et ses alentours furent le lieu de tournage de bon nombre de westerns. Le décor est planté dès le retrait des dossards ! Direction le Grand Canyon pour une première nuit avec un coucher de soleil digne des superproductions hollywoodiennes, justement.
Le parcours est loin d'être une promenade de santé ! Les deux premiers jours peuvent être considérés comme relativement roulants puisqu'ils restent en partie en plaine, sur des étendues dignes des films de cow-boys. Mais contrairement à bon nombre des courses du même style, l'étape longue arrive dès le 3e jour avec une montagne de dunes à gravir comme on le peut, souvent à quatre pattes, la verticalité brutale et le sable fin ne permettant pas de finir l'ascension debout. Vous êtes sur les terres des Navajos et des Paiutes, l'esprit des tribus anciennes est partout. Certains passages de l'étape 4 et 5 requièrent une corde pour gravir les roches accidentées. La ligne d'arrivée de la sixième étape, au milieu de la forêt de Dixie, est une bouffée d'oxygène après des journées de roches rouge sang !

BON à SAVOIR

La végétation, certes peu présente, se résume à une grande variété de cactus en tout genre, donc on oublie le matelas gonflable pour privilégier un tapis en mousse ! Il y a 4 heures de route entre l'aéroport de Las Vegas et Kanab, à parcourir soit en voiture de location, soit en bus. Horaires fournis par l'organisation qui ne s'occupera que du retour. Pour des achats de dernière minute, on peut penser à la supérette de Kanab. Attention, le parcours est loin d'être évident : à une étape de 85 km, suivent 2 étapes de plus de 40 km. Même si la dernière fait 12 k m, elle n'est pas moins l'équivalent d'un kilomètre vertical. L'altitude pourrait par ailleurs en gêner certains. L'organisation conseille d'arriver avec un ou deux jours d'avance pour être reposé du décalage horaire et mettre toutes les chances de son côté.

Transrockies
Une course en mode folie !

- **275 km – 5 499 D+ et 4 477 D-**
- **Période : septembre**
- **Départ : Buena Vista – Arrivée : Beaver Creek**
- **Temps maximum : les heures limites sont de 13 heures sur l'étape 1, 12 heures par jour sur les étapes 2 à 5, à l'exception de l'étape 3 (étape longue) qui est de 34 heures et de l'étape 6 qui est de 2 à 4 heures en fonction de l'heure de départ.**
- **Niveau de difficulté : 4/5**
- **Date de création : 2012**
- **Derniers vainqueurs (2023) : Hector Rodriguez, 16 h 03 min 47 s / Courtney Barnes, 20 h 17 min 21 s**
- **Site : www.transrockies.com**

Les Transrockies restent pour moi un vrai coup de cœur, pour l'ambiance sur le bivouac et le plaisir de croiser des coureurs de tous calibres, de l'élite à la queue de peloton. On y mange bien et les installations itinérantes sont confortables. Un « Club Med » version trail-running ! Par ailleurs les Rocheuses sont un lieu mythique. Les sentiers ne sont pas trop techniques mais suffisamment pour en baver un peu. Les distances sont raisonnables mais vous resteront dans les jambes. Le format est l'occasion unique de s'initier à la course en étapes et au bivouac en profitant d'une assistance complète. On peut se concentrer sur sa course. On peut aussi choisir d'aborder l'épreuve comme une semaine de camp d'entraînement, faire du volume, de la montagne ou vivre chaque étape comme la course de sa vie.
Emmanuelle Dudon

Les Transrockies réussissent le pari fou de motiver presque autant de bénévoles que de coureurs à passer 6 jours sur les chemins du Colorado Trail en août. La recette de ce succès ? Un état d'esprit à part qui fait de cet événement un ovni plaisant autant aux esprits compétiteurs qu'aux amateurs.

Une course à l'ambiance unique !

L'État du Colorado est considéré, à raison, comme le plus *outdoor* des USA. Nombre de sociétés de trail-running y sont nées, la plupart des traileurs élites américains y vivent et deux grandes courses célèbres dans le monde entier, à savoir la Leadville 100 et surtout la Hardrock 100, y ont vu le jour. C'est aussi un État qu'on peut quasiment traverser de bout en bout à vélo grâce à un parcours de Denver à Durango, de plus de 800 km, accessible à tous les amoureux de bikepacking. Quant aux Transrockies, cette course en duo ou en solo de 6 étapes, ou 3 dans sa version courte, propose aux participants une formule tout compris : l'hébergement en tente individuelle inclut la pension complète. Pour celles et ceux qui souhaitent un plus grand confort, l'option hôtel est possible mais ce serait se priver de l'ambiance incroyable du camp. Les organisateurs parlent volontiers d'un camp de vacances pour grands enfants. Chaque jour sont parcourus 30 et 40 km, avec une moyenne de 1 000 à 1 500 m de D+, juste ce qu'il faut pour avoir le sentiment de fournir un effort sans pour autant se mettre en grande difficulté. Les barrières horaires sont raisonnables, mais n'allez pas croire qu'elles sont pour autant faciles. Les perdants éliminés trop tôt et qui souhaitent rester dans le jeu peuvent rejoindre la *down patrol*, un petit groupe de courageux hors course qui commence chaque jour 2 heures plus tôt. Les paysages font la part belle à la forêt et à la montagne. Les chemins, souvent larges et confortables, permettent de courir en toute sécurité et de profiter de la vue sans se mettre en danger. Les ravitaillements sont des lieux de vie où la folie des bénévoles s'exprime ! Déguisements, musique, tout est là pour vous rappeler qu'il ne faut pas se prendre au sérieux. Après l'effort, le réconfort : les glacières de bière sans alcool et les montagnes de bretzel attendent le coureur pour le faire patienter avant le dîner. Comble de la joie : un passage par le camion de douches avant le burger et la projection des photos de la journée. Les Transrockies, ce n'est pas seulement une course... C'est un état d'esprit !

BON à SAVOIR

L'organisation prévoit des bus au départ de l'aéroport de Denver, ville qui n'a que très peu d'intérêt touristique. Il n'y a pas de vols directs de Paris, il faut donc passer toutes les procédures de sécurité avant de prendre un deuxième vol intérieur aux USA. Prévoyez large ! Idéalement on arrive la veille. La zone aéroportuaire de Denver offre un choix d'hôtels énorme pour tous les budgets. Mieux vaut ensuite filer à Buena Vista, départ de la première étape, la capitale de l'État n'ayant que peu d'intérêt touristique. Si l'organisation autorise à dormir au camp la veille de la course, attention, le dîner ne sera pas inclus. La ville d'arrivée, Beaver Creek, est une station de ski huppée... Les tarifs des hôtels s'en ressentent, il ne faut donc pas hésiter à s'y prendre tôt ou à regarder du côté des locations. Sur la page Facebook de la course, les coureurs lancent souvent des appels pour partager la location d'un meublé à l'arrivée, n'hésitez pas à la consulter !

Western States®
100-Mile Endurance Run
Là où tout a commencé…

- **161 km – 5 570 m D+**
- **Période : juin**
- **Départ : Squaw Valley – Arrivée : Auburn**
- **Temps maximum : 30 h**
- **Niveau de difficulté : 4/5**
- **Date de création : 1977**
- **Derniers vainqueurs (2023) : Tom Evans, 14 h 40 min 22 s / Courtney Dauwalter, 15 h 29 min 33 s**
- **Records : Jim Walmsley, 14 h 09 min 28 s en 2019 / Courtney Dauwalter, 15 h 29 min 33 s en 2023**
- **Site : www.wser.org**

On ne va pas se mentir la Western States n'est pas la course la plus belle que j'aie faite dans ma vie… Mais au-delà du parcours, c'est un ensemble, une ambiance particulière, qui rend le tout mémorable. Le parcours est à presque 70 % constitué de monotraces, ce qui est assez rare aux USA où les chemins de randonnée sont souvent plus larges que chez nous. Mais ils ne sont pas aussi techniques, pas aussi « caillouteux ». Je l'ai découvert le jour de la course parce que je n'ai pas pu organiser de reconnaissance. J'avais effectué une préparation physique comme rarement. « Borner » pour ce genre d'objectif ne suffit pas, il faut des bases solides que seul le renforcement musculaire peut fournir. La grande difficulté, c'est la chaleur et les allers-retours entre la rivière Rucky Chuky et la remontée… On ne la traverse physiquement qu'une fois mais il est vivement conseillé d'en profiter. On dit que Jim Walmsley, en 2018, lorsqu'il a battu le record, s'y est baigné une minute, j'ai donc fait la même chose. J'ai rattrapé ensuite plusieurs coureurs qui brûlaient sous la chaleur, donc aucun regret. J'ai fini 7e, alors que le top 5 était à ma portée. Mais il n'est pas toujours simple, quand on est papa d'une petite Sarah depuis 7 semaines, de tout gérer…

Vincent Viet, 7e de l'édition 2022
en 16 h 28 min 22 s

Impossible de ne pas parler de la Western States® 100-Mile Endurance Run dans un ouvrage sur les plus belles courses du monde, même s'il est tout aussi compliqué de la finir que de s'y inscrire. C'est avec elle que la notion même d'ultra-trail est née. Un peu comme le marathon de Boston, elle a écrit la légende d'une discipline qu'elle a fait naître.
La Western States® 100-Mile Endurance Run traverse les montagnes de la Sierra Nevada depuis Squaw Valley jusqu'à Auburn, en Californie, sur un parcours qu'empruntaient les chercheurs d'or de l'Ouest américain. Son ratio « dénivelé » est largement en faveur du négatif : 7 001 m de D– pour 5 514 m de D+. Il ne faut pas croire que ça facilite les choses pour autant ! Au commencement était la Tevis Cup, un 100 miles (165 km) qui voulait tester l'endurance du cheval. En 1955, un petit groupe de cavaliers veulent démontrer qu'ils peuvent relier Tahoe City à Auburn sans avoir à changer de monture en moins de 24 heures. Pari réussi, une nouvelle course est née ! 1974. Gordy Ainsleigh décide de démontrer que ce que peut le cheval, l'homme le peut aussi. Surprise, il parcourt les 94 miles de la course en 23 h 42. 1978. La Western States 100-Mile Endurance Run est née avec son propre parcours, et c'est loin d'être une promenade de santé.

Quand l'homme remplace un cheval au galop

Il faut jouer avec la chaleur souvent écrasante qui règne dans la vallée… Nous sommes en juillet et nous sommes en Californie. Les 369 chanceux qui passent le tirage au sort servant à départager les plus de 6 000 prétendants à la légende découvrent vite un parcours tenant de la longue série de montagnes : la forêt trop clairsemée de Robinson Flat pour espérer courir à l'ombre, le monotrace qui mène au sommet du bien nommé Devil's Thumb, la rivière Rucky Chucky au 78e mile, qu'il faut traverser en se tenant autant que possible à la ligne de vie pour éviter de glisser… L'arrivée a lieu dans un stade d'athlétisme, ce qui peut surprendre après un trail de 160 km dans la nature. Mais le rouge du tartan rappelle le rouge des roches foulées quelques heures auparavant, et cela permet un tour d'honneur inoubliable pour les finishers.

BON à SAVOIR

Autant de ravitaillement sur le parcours (en moyenne tous les 10 km) change bien entendu la donne. On peut s'y nourrir, y boire mais aussi et surtout s'y rafraîchir grâce aux jets d'eau installés et aux glaçons distribués. Cela rend la chaleur un peu plus supportable. Ici, les pacers* peuvent juste remplir les flasques lors des pauses, mais entre deux ravitaillements, le coureur doit être en autonomie. Ils peuvent aussi guider lorsqu'ils connaissent bien le chemin et donner le rythme. C'est d'ailleurs ce qui m'a fait défaut. Sur la dernière portion – presque 20 km au travers d'une forêt –, j'ai un peu perdu le fil de ma course. J'étais seul, il a suffi qu'on me double pour que pointe un léger découragement. Avoir à mes côtés une personne qui me remotive aurait certainement fait la différence pour la fin. Il ne faut donc pas chercher à se priver de ce confort qui peut faire toute la différence.

Vincent Viet

* Le pacer tient le rôle de meneur d'allure personnel. C'est une tradition américaine qui s'est diffusée dans beaucoup de pays anglo-saxons. Il permet à la fois de sécuriser le coureur qui n'est pas seul et de l'aider moralement à finir sa course. Parfois il peut aussi transporter de l'eau ou/et de la nourriture. Il porte un dossard particulier qui l'identifie clairement et son temps n'est bien entendu pas chronométré.

Atacama Crossing
Le désert étoilé

- 250 km – 1 683 m D+
- Période : septembre
- Départ et retour : San Pedro de Atacama
- Temps maximum : chaque étape a sa propre barrière horaire
- Niveau de difficulté : 4/5 (course qui se déroule en grande partie à plus de 3 000 m d'altitude)
- Derniers vainqueurs (2022) : Rob Forbes, 21 h 20 min 46 s / Diana Melo Reyes, 29 h 52 min 56 s
- Date de création : 2004
- Site : www.racingtheplanet.com

Le souvenir le plus magique de cet endroit tellement particulier restera la fin de la 5ᵉ étape, la Longue, de 75 km. Après avoir traversé les grandes plaines faites de crumble salé qui vous détruisent les semelles autant que les chevilles, sur fond de Cordillère des Andes enneigée, sous des températures dépassant les 45°, nous attaquons, à la nuit tombée, la fameuse Valle de la Luna. Le dernier col se profile avant la descente vers la ligne d'arrivée : sur le sol, un sel immaculé, la roche est orangée, l'orage gronde, les éclairs déchirent le ciel... Un de ces moments suspendus qui restent gravés à jamais dans la mémoire...
Fabrice Trioullier

Le désert d'Atacama est un désert à part… Situé dans le nord du Chili, il combine un environnement aride et chaud, et une altitude qu'il faut apprendre à gérer si l'on veut courir les 6 étapes de la course. Les codes mis en place par Racing the Planet, l'organisation pour l'ensemble de ces courses dans le monde, sont bien là : un parcours unique, des tentes blanches fermées pour un maximum de confort, de l'eau chaude et même des toilettes pour éviter d'avoir à aller chercher un endroit où se planquer ! Dès l'arrivée à San Pedro, lieu de rassemblement des coureurs du monde entier, l'altitude se fait sentir. Seule solution pour gérer les migraines : boire le maté à la coca qu'on trouve souvent en libre-service dans tous les hôtels. Ce qui caractérise ce désert, c'est la variété de paysages que les coureurs rencontrent durant les 7 jours que dure la course. La première étape est rocailleuse à souhait. La première nuit sera l'occasion de comprendre pourquoi les astronomes du monde entier ont installé leurs observatoires dans le désert d'Atacama !

Des cailloux, du sable, des montagnes enneigées et des ciels étoilés…

La 2e étape entraîne les coureurs dans des canyons où il n'est pas rare de se mouiller les pieds, preuve que la vie est partout, même là où on l'attend le moins, même s'il faut passer par la vallée de la mort version chilienne. La 3e étape offre des paysages surréalistes où les coureurs ont les pieds dans le sable brûlant, face aux volcans recouverts de neiges éternelles. Le contraste saisissant marque les esprits. L'étape suivante est l'occasion d'apercevoir ces mini-piscines naturelles qui donnent envie d'y plonger mais qui couvrent instantanément le coureur d'une pellicule de sel. L'étape longue, la 5e, fait passer le coureur d'une plaine qui rappelle le sol de la lune à des dunes qui rappellent le Sahara… Ce n'est pas une vue de l'esprit puisque les locaux l'ont baptisée la vallée de la Lune ! Avec la 6e étape, il est temps de rejoindre en quelques kilomètres très roulants le village de San Pedro del Atacama, son adorable église, sa place ombragée

et, surtout, ces pizzas qui sortent du four au fur et à mesure que les coureurs arrivent. L'Atacama est un désert à part, unique par la diversité des paysages qu'on y rencontre mais aussi par la gentillesse des personnes qui y vivent. Immanquablement, il faut lutter de toutes ses forces pour ne pas y retourner encore et encore…

BON à SAVOIR

Le superbe village de San Pedro est parvenu à ne pas tomber dans le tourisme de masse. Pour les achats en équipement de dernière minute, on y trouve même quelques magasins de randonnée ! S'il y a un désert qui mérite qu'on s'équipe d'un textile spécial désert, c'est celui-là. Les grandes étendues de sel réfléchissent le soleil et sont impitoyables pour la peau. Pour mieux supporter l'altitude, il ne faut pas hésiter à remplacer vos sachets de thé ou de café par le maté à la coca. Pour s'y rendre, un vol intérieur s'impose, avec une navette proposée par l'organisation en option.

Ultra Fiord® Patagonie
Ultra-roots surtout…

- **55 km – 3 600 m D+**
- **Période : février**
- **Départ et retour : Base Camp Rio Serrano**
- **Temps maximum : 14 h**
- **Niveau de difficulté : 4/5**
- **Date de création : 2015**
- **Derniers vainqueurs (2023) : Emmanuel Acuña, 8 h 04 min 42 s / Katherine Cañete, 10 h 08 min 09 s**
- **Site : www.ultrafiord.com**

Le problème avec la Patagonie, c'est qu'il ne faudrait jamais y aller… La première fois qu'on y a mis les pieds, on ne rêve que d'une chose, y retourner encore et encore. J'ai eu la chance d'y aller deux fois pour deux courses différentes avec des ciels roses indescriptibles. La nature à l'état brut invite à sortir de sa zone de confort. Et le parc de Torres del Paine ne laissera personne indifférent. Je n'ai qu'une envie : que le dicton « jamais deux sans trois » soit pour moi une réalité !
Cécile Bertin

Si l'on aime les courses ultra-sécurisées où les chemins sont nettoyés de tous les cailloux qui pourraient faire trébucher le coureur, où les ravitaillements donnent le sentiment qu'un chef étoilé du *Guide Michelin* est aux cuisines, il faut passer son chemin ! L'Ultra Fiord®, c'est ultra-loin, ultra-roots, ultra-technique et ultra-paumé, mais c'est surtout ultra-bien !
Rares sont les régions où on a le sentiment d'être seul au monde, d'être le premier à passer par là (ce qui est idiot puisque le chemin est balisé...). La Patagonie en fait partie. Là-bas, les espaces sont tellement immenses qu'il faut parfois un avion au propriétaire terrien pour faire le tour de sa ferme qui, comble de l'ironie, est tout de même clôturée... Il faut donc s'attendre à ouvrir des barrières sans apercevoir une tête de bétail à l'horizon, la bête à cornes pouvant paître à une dizaine de kilomètres ! Autant dire qu'il faut aimer l'autonomie et bien se connaître parce qu'on peut passer plusieurs journées sans croiser âme qui vive.

Le bout ou le début du monde... la Patagonie, c'est tout ça à la fois !

L'organisation de cette course est connue pour ses raids aventure. La nature est brute, sauvage, il faut aimer l'humidité, traverser des rivières avec parfois de l'eau jusqu'à la taille, plonger dans la tourbe ou escalader des barrières qui alerteront sur la présence d'animaux comme les pumas qui observent les traileurs et leur frontale la nuit, planqués dans les arbres d'une forêt dense ! Il faut s'attendre à vivre les quatre saisons en une journée avec parfois de la neige à l'heure du déjeuner, quand on commence l'ascension des roches acérées – à ne surtout pas prendre à la légère. Si l'organisation demande de se couvrir en conséquence, on l'écoute pour éviter de finir en hypothermie dans un pays où le Peloton de gendarmerie de haute montagne (PGHM) n'existe pas et où il faut parfois des heures à dos de mulet pour rejoindre le coureur blessé. On dit souvent que Puerto Natales est la fin du monde. C'est en réalité le début et courir là-bas est une expérience unique qui vaut le coup.

BON à SAVOIR

Les parcours ont été raccourcis en 2022, rendant l'épreuve plus accessible même si le terrain reste technique dans cette région du monde et ne peut être envisagé comme première expérience de trail. La météo peut être capricieuse et il faut éviter de partir léger. Les ravitaillements sont perturbants pour nous, Européens, qui avons l'habitude de trouver du jambon ou du fromage. Attendez-vous à des nouilles chinoises ou autres gâteaux emballés qui rappellent plus les cours de récré que les courses d'ultra. Une totale autonomie est plus raisonnable pour ne pas être pris au dépourvu. Bien entendu, on ne part pas si loin sans envisager d'y rester en vacances. Puerto Natales est une ville portuaire idéale pour une croisière à la découverte des glaciers ou pour découvrir le parc de Torres del Paine en mode randonnée. Son accès est vraiment limité, il faut des permis payants et leur nombre journalier est limité, cela ne s'improvise pas !

Ultra Bolivia
Ultra-salé et ultra-haut...

- **220 km – 2 360 m D+**
- **Période : septembre**
- **Départ : Salinas – Arrivée : Uyuni**
- **Temps maximum : 10 h par étape**
- **Niveau de difficulté : 3/5**
- **Derniers vainqueurs (2022) : Javier Marina, 31 h 18 min 38 s / Monica Sartore, 40 h 49 min 39 s**
- **Date de création : 2014**
- **Site : www.canal-aventure.com**

Cette course reste un souvenir unique dans ma mémoire de traileuse avec ses étendues blanches qui semblent ne jamais finir et qui contrastent avec les tenues très colorées des femmes. Je me souviendrai toujours de la 4e étape, quand l'organisateur nous a dit : « Vous voyez le rocher, là-bas ? La ligne d'arrivée est là. » d'imaginer qu'il était à 30 km, et pourtant... Si vous rêvez d'une course totalement unique en son genre et à des années-lumière de ce qu'on connaît sous nos latitudes, foncez, vous ne serez pas déçu.
Cécile Bertin

Dès l'arrivée à l'aéroport de La Paz, où des bouteilles d'oxygène attendent les passagers ne supportant pas l'altitude (un peu plus de 4 000 m, ça surprend !), on comprend que la course ne va pas être une promenade de santé. L'Ultra Bolivia se mérite mais l'ambiance et les paysages sont tellement dingues que cela vaut la peine.

Courir sur un océan de sel blanc...

Ce qui surprend tout de suite, c'est le froid la nuit, mais aussi la journée : même si le soleil brille la plupart du temps, la doudoune est quasi indispensable pour les plus frileux. Autre élément, l'altitude, qui peut poser des problèmes d'adaptation aux coureurs les plus aguerris. Sur la ligne de départ, l'enthousiasme est freiné par le sentiment étrange que l'on a perdu un poumon en route ! L'adaptation demande un peu de temps. Pas de panique, elle se fera.
Avec 7 étapes mais « seulement » 220 km à parcourir puisqu'il n'y a pas d'étape de nuit ni d'étape longue, la course peut être considérée comme plus facile qu'un marathon des Sables. L'autonomie alimentaire est imposée mais il n'y a pas de bois à ramasser et l'organisation s'occupe de l'eau chaude tous les soirs au camp. La seule végétation qui pousse se résume à des cactus sur quelques roches isolés.
Il fait tellement froid la nuit que l'organisation transporte les duvets spécifiques beaucoup trop lourds et encombrants pour les sacs à dos des coureurs. Il faut attendre la 3e étape pour commencer

à courir sur cet océan de sel si perturbant… Les deux premières se courent tout autour, dans des paysages montagneux plus classiques, avec une étape qui se termine dans le village de Tahua, où la population est souvent très curieuse de rencontrer ces olibrius qui débarquent dans leur tenue colorée et moulante. Il est donc bien vu de ralentir un peu pour courir avec les enfants ravis de montrer leurs capacités, eux qui ont grandi au-delà de 4 000 m d'altitude. Parmi les moments les plus incroyables, citons la nuit sur la Isla del Pescador, l'île du pêcheur en espagnol, même s'il est difficile de comprendre pourquoi les locaux lui ont donné ce nom. Pas de plage… encore moins de poissons à l'horizon ! La seule chose vivante que l'on y trouve, ce sont des cactus géants qui y ont pris racine, et qui sont aujourd'hui les gardiens d'un lieu qui semble hors du temps. Pour rester dans le thème du sel, l'hôtel où s'organise l'arrivée est sculpté dedans. Plus besoin de duvets énormes, les couvertures chauffantes sauvent le voyageur congelé. Vraiment, rien n'est banal avec cet Ultra Bolivia !

BON à SAVOIR

Canal Aventure est un organisateur de courses qui privilégie l'aventure en proposant des destinations décalées, en tout petit comité. Si l'on aime les grands barnums, les hélicoptères qui survolent les coureurs, on passe son chemin, ce n'est pas le style de la maison ! Il est conseillé d'arriver quelques jours avant la course pour s'habituer à l'altitude, en restant un peu à La Paz, la capitale qui, au passage, mérite la visite. Il ne faut pas hésiter à aller admirer la vallée de la Lune à une dizaine de kilomètres, véritable cathédrale de roches. Pour l'équipement, prévoir des tenues chaudes ou tout du moins plusieurs couches pour s'adapter aux températures, et surtout une paire de chaussures avec une semelle assez solide : le sel attaque plus qu'on ne pourrait l'imaginer.

Guadarun
La Guadeloupe en majesté !

- **112 km – 6 étapes entre 15 et 25 km par jour**
- **Période : mars-avril**
- **Départ et arrivée : île de Basse-Terre**
- **Temps maximum : à voir à chaque étape**
- **Niveau de difficulté : 3/5**
- **Date de création : 2000**
- **Derniers vainqueurs (2023) : Isnard Hilderald, 7 h 49 min 38 s / Séverine Bertrand, 9 h 11 min 12 s**
- **Site : www.guadarun.com**

Cette Guadarun a des parcours taillés pour moi, assez courts, et assez roulants, surtout sur la deuxième partie. Je ne savais pas trop comment mon corps allait réagir à l'enchaînement des journées donc je faisais très attention à la récupération (alimentation, réhydratation et siestes). Finalement, même si la fatigue s'est fait sentir en fin de semaine, j'étais prêt physiquement pour les six étapes et j'ai réussi à garder un bon rythme. En tout cas, je me suis régalé avec des paysages magnifiques, une ambiance géniale, des rencontres très sympathiques, des nuits sur des plages somptueuses, une organisation avec des bénévoles aux petits soins… Ce fut vraiment une semaine parfaite pour moi. Bien au-delà de la course et des résultats, la Guadarun est une aventure entière, un mélange de découvertes, de rencontres, d'amitié et de belles images. Ce sont une cinquantaine de personnes qui cohabitent pendant une semaine, se rencontrent et apprennent à se connaître, créant une véritable alchimie de groupe. J'ai beaucoup apprécié cet aspect humain : des liens se créent et les après-courses sont des moments de franche rigolade ! Chacun fait sa course à sa façon, pour la compétition ou la balade (ou les deux en même temps !), mais tout le monde est solidaire et s'encourage !
Corentin Crouzet, pour www.trail-session.fr

Depuis 22 ans, la Guadeloupe abrite un trail unique en son genre. Six étapes tout à fait raisonnables pour allier tourisme et trail, six îles à découvrir, baskets aux pieds, la Guadarun fait rêver et c'est amplement mérité ! Îles de Basse-Terre, Grande-Terre, Marie-Galante, La Désirade, les Saintes Terre-de-Bas et Terre-de-Haut… Impossible de lire ces noms sans entendre la voix de Laurent Voulzy et sa mélopée. Même si cela donne envie de chalouper, la Guadarun n'en reste pas moins un trail engagé qui demande une bonne préparation, surtout lorsque l'on vient de la métropole.

D'île en île… De découverte en découverte !

La forêt tropicale de Basse-Terre est au rendez-vous de la première étape avec tout ce que cela implique de végétation luxuriante. Les plages seront au rendez-vous mais il faut en passer par la mangrove, humide à souhait et écrasante de chaleur. Un tour du côté de Marie-Galante, l'île aux Cent-Moulins pour le deuxième jour, il est déjà temps de rejoindre pour une nuit en bivouac une plage de la Désirade. Son nom est trompeur et il faut serrer les dents pour partir à l'assaut de la chapelle du Calvaire. Mais la crête sommitale et la redescente vertigineuse qui suit donnent des ailes aux traileurs aventuriers qui auront une pensée pour Christophe Colomb qui, quelques siècles auparavant, crut voir son Amérique tant désirée.

Et à la fin la plage de sable blanc évidemment !

La Grande-Terre le quatrième jour offre un panorama éblouissant sur l'océan de la Pointe des Châteaux, qui n'a rien d'une forteresse imprenable puisqu'elle tient son nom d'une communauté religieuse, la Paroisse des Châteaux, venue s'installer là pour christianiser l'île. Après la flore, la cinquième étape sur la Terre-de-Bas fait la part belle à la faune avec des iguanes, des tortues Molokoï, des chevreaux et poules en liberté, le tout avec une vue sur une des plus belles baies du monde. La Terre-de-Haut n'est pas en reste pour une fin en apothéose avec une montée au Fort-Napoléon et une arrivée sur le port, digne d'une étape du tour de France. Il est temps de fêter sa semaine en profitant des cocotiers, du soleil et du sable blanc !

BON à SAVOIR

Même si ce n'est pas la saison la plus chaude, l'humidité change réellement la notion de ressenti des températures. Il faut donc en tenir compte question hydratation en veillant à ne pas négliger les apports en électrolytes pour limiter les risques. Des chaussures Gore-Tex sont rarement une bonne idée. Mieux vaut une paire qui évacue l'eau et qui sèche vite qu'une paire où l'eau finit toujours par entrer, surtout lors des traversées de rivières, sans pouvoir ressortir. Il ne faut pas hésiter à prévoir une paire de route pour les étapes où le bitume sera présent. Difficile, sur certaines îles très petites, de faire sans ces passages sur route. On choisit un écran total spécifique pour la pratique sportive, qui résiste à la transpiration, en embarquant un petit format pour en appliquer à mi-parcours et limiter autant que possible les coups de soleil. Pour les peaux fragiles, il existe des textiles spécifiques et la casquette saharienne est loin d'être une mauvaise idée pour protéger les oreilles, qui sont souvent les grandes oubliées.

Transmartinique
Gidé mwen * !

- **134 km – 5 000 m D+**
- **Période : décembre**
- **Départ : Grand-Rivière – Arrivée : Sainte-Anne**
- **Temps maximum : 45 h**
- **Niveau de difficulté : 4/5**
- **Date de création : 2009**
- **Derniers vainqueurs (2022) : Jordan Mionze, 19 h 01 min 17 s / Anne-Lise Le Quere, 25 h 54 min 02 s**
- **Site : www.clubmanikou.com**

Le parcours est incroyable mais aussi très « météodépendant ». Un nuage a semblé nous suivre pendant les 10 heures de l'ascension de la montagne Pelée, rendant le décor fantasmagorique. Au sommet, les bourrasques étaient telles que nous n'entendions même pas les quelques bénévoles et spectateurs présents ! J'ai baptisé ça « l'enfer vert » mais en réalité, cette forêt équatoriale donne un vrai sentiment d'ailleurs. J'ai eu l'impression de traverser un décor de *Jurassic Park*. La pluie avait rendu le terrain compliqué à appréhender. J'ai un souvenir très précis qui ne s'invente pas... Notre montée s'était apparentée à un vrai chemin de croix, pas au sens figuré mais au sens réel parce qu'il y avait des croix tout du long, auxquelles nous nous accrochions pour ne pas glisser. Au sommet, je découvre les mêmes de l'autre côté ! Un vrai chemin de croix, format XXL. Ce que j'ai adoré, c'est que cette course mêle des moments engagés dans une forêt hostile et les plus belles plages de la Martinique. J'ai fini au petit matin, au milieu des touristes qui commençaient à étaler leur serviette, stupéfaits de nous voir débarquer. La Transmartinique est une vraie Diagonale des Fous, l'ambiance en moins... même si on n'y trouve pas encore l'engouement local de l'île de La Réunion.
Denis Clerc, *alias* Zinzin, reporter

Quoi de plus simple comme parcours... Comme la Diagonale des Fous, la Transmartinique traverse l'île de part en part, du nord au sud, de Grand-Rivière à Saint-Joseph, offrant aux traileurs un parcours et une aventure uniques à la rencontre de la flore mais aussi de la faune locale.
La Transmartinique, c'est 134 km de chemins forestiers, de routes de campagne parfois au milieu des exploitations agricoles comme des bananeraies ou autres champs de canne à sucre, et de plages pas forcément reposantes.

Du nord au sud, la mer toujours à gauche !

Le parcours est balisé de bout en bout, le principe étant toujours le même : s'il n'y a plus de balise au bout de 5 minutes, il est temps de revenir sur ses pas. L'histoire du coureur perdu en 2022 a rendu les organisateurs encore plus vigilants. Tout s'est très bien terminé, puisqu'on a retrouvé l'égaré sur une plage où il s'était endormi, épuisé, mais l'organisation fait tout pour que cet incident isolé ne se reproduise plus. À partir du Vauclin, la mer doit toujours être sur la gauche. Si elle se retrouve à droite, c'est que vous êtes reparti vers le départ ! Les 9 ravitaillements sont répartis en fonction du relief et de la végétation mais leur grand nombre permet de partir l'esprit léger, surtout du côté de l'eau qu'il faut absolument éviter de consommer dans la nature. Il faut également rester dans les traces et

* « Guide-moi » en créole.

les sentiers balisés, les coupes sont interdites : elles sont considérées comme de la triche et peuvent abîmer la végétation des réserves et sites protégés que les coureurs ont la chance de traverser.

Des montagnes, de la jungle, des plantations et une plage de sable blanc à la fin…

Parmi les villages traversés, on compte Grand-Rivière plus petite commune de pêcheurs de l'île qui accueille le départ ; Morne-Rouge, la plus fraîche de Martinique, qui se situe sur un plateau entre la montagne Pelée et le massif des pitons du Carbet ; Saint-Joseph qui compense l'absence de mer avec de nombreuses rivières ; le Lamentin qui est le poumon administratif de l'île. Il n'y a pas que la montagne Pelée, d'ailleurs ! Il faut aussi affronter celle du Vauclin et sa forêt luxuriante. Il est enfin temps de découvrir Sainte-Anne, village accueillant l'arrivée, connu pour ses plages de sable blanc et surtout celle des Salines, une des plus belles des Antilles. La Transmartinique, c'est l'occasion de découvrir une île d'une incroyable diversité tout en relevant un défi aussi relevé qu'un colombo de poulet !

BON à SAVOIR

En Martinique la leptospirose, maladie bactérienne bénigne dans plus de 80 % des cas, nécessite quelques précautions. On ne touche pas à l'eau des rivières ou des cascades. Il y a assez de ravitaillements sur le parcours pour ne pas avoir à compenser sur les chemins. On part donc avec des contenants suffisants pour un litre d'eau, sachant que l'organisation demande de quoi en transporter deux. On veille à changer de chaussettes et même de chaussures si possible deux à trois fois sur le parcours, mais aussi de vêtements à Saint-Joseph, à la sortie de la forêt tropicale, après une bonne douche. L'organisation a tout prévu à cet effet. Les gants de type VTT sont intéressants pour affronter la végétation coupante et épineuse de la montagne du Vauclin. Consommer des fruits sauvages sur le parcours est rarement une bonne idée… surtout lorsqu'on vient de métropole et qu'on ne les connaît pas !

ULTRA
SALOMON

François d'Haene

Le prince de l'ultra-trail

Contrairement à ce que le grand public pourrait penser, je ne choisis pas uniquement mes courses en fonction de ce qu'elles pourront m'apporter professionnellement parlant. Le côté émotionnel entre en ligne de compte et peut motiver ma décision. Bien entendu, le côté sponsor entre en ligne de compte mais jusqu'à présent, nous sommes toujours tombés d'accord sur mes choix et il n'y a pas de raison que cela change.
Parce que moi aussi je profite du paysage ! Ce n'est pas parce que je joue le podium que je ne lève pas les yeux pour admirer ce qui m'entoure. Aujourd'hui, je me déplace peu, je réserve les vols en avion aux destinations qui en valent la peine, et où je fais plus qu'une simple course. L'aller-retour à l'autre bout du monde pour un dossard n'est plus possible. Alors je pars en amont pour profiter à fond de la destination et j'essaie de rester ensuite pour quelques congés.
Je ne suis pas adepte des reconnaissances de parcours en amont, je trouve que cela gâche un peu la surprise. Mais le fait d'être sur place avant et après me permet de revenir de jour sur les portions que nous passons de nuit par exemple et qu'il serait dommage de rater. Partir en connaissant tout par cœur, j'avoue que ça gâche un peu le plaisir… L'avantage avec l'ultra, c'est que la météo peut tout changer, le chrono évidemment mais aussi la découverte des paysages. C'est pourquoi les records ne veulent pas dire grand-chose : il faudrait qu'ils soient toujours réalisés avec des conditions météo identiques, ce qui est impossible.
J'ai bien conscience qu'il ne faut pas minimiser le côté « aventure » qui peut conférer un réel intérêt à une course. Le parcours de la Barkley n'est pas réputé pour sa beauté mais je peux comprendre qu'il attire ceux qui cherchent à vivre autre chose. Pour moi, il ne tombe pas à la bonne époque mais qui sait, un jour, je me lancerai peut-être ! Même chose pour les courses de nuit. C'est sur ces bases que je me suis lancé dans l'organisation d'un événement dédié à mon amour pour l'ultra-trail, mais pas seulement. On a cherché à créer un parcours sympathique pour les participants mais je ne fais pas partie de ceux qui considèrent qu'il faut absolument se rendre sur les points les plus hauts pour un effet époustouflant. Cet effet, on peut très bien l'avoir sur des pistes forestières dans la vallée, surtout quand l'automne est là. En bas aussi la nature est superbe et vaut la peine qu'on l'admire baskets aux pieds !

Records

- 4 victoires à l'UTMB® Mont-Blanc (2012, 2014, 2017 et 2021).
- 4 victoires au Grand Raid de La Réunion (2013, 2014, 2016 et 2018).
- Tenant du titre du record de la traversée GR 20 en Corse en 31 h 06 min (2016 à 2021).

Marathon de Tokyo
Le New York de l'Asie

- **42,195 km – 41 m D+**
- **Période : mars**
- **Départ : Tokyo Metropolitan Government Building – Arrivée : Tokyo Station/Gyoko-dori Ave**
- **Temps maximum : 7 h**
- **Niveau de difficulté : 3/5**
- **Date de création : 2007**
- **Derniers vainqueurs (2023) : Deso Gelmisa, 2 h 05 min 22 s / Rosemary Wanjiru, 2 h 16 min 28 s**
- **Records : 2021, Kipchoge, 2 h 02 min 40 s / Brigid Kosgei, 2 h 16 min 02 s**
- **Site : tokyo42195.org**

Le Japon, encore traumatisé par le Covid-19 après deux années sans épreuves, a mis en place des mesures sanitaires rigoureuses pour l'édition 2023. Il fallait enregistrer sa température tous les jours du 26 février au jour J et réaliser deux tests PCR *via* une application pour accéder aux sas de départ. Il était toujours interdit de transporter des liquides, il fallait donc faire sans sa gourde ou sans sac d'hydratation. Seules les boissons en briques achetées dans les supermarchés étaient autorisées dans les sas et pendant la course. Les déchets (gels et autres) devaient être conservés sur soi, à l'exception des gobelets de ravitaillement. Il n'y avait pas de toilettes dans les sas ni sur le parcours, elles se trouvaient dans les rues perpendiculaires, parfois indiquées à plusieurs centaines de mètres du parcours (j'ai vu un 800 m : improbable !). Le nombre de participants en constante augmentation, cela entraîne des embouteillages sur les premiers kilomètres. Le parcours est globalement roulant, mais il faut prévoir quelques faux plats et des ponts dans la deuxième partie. Le cadre reste urbain avec de longues lignes droites se terminant par des épingles à cheveu fatigantes. L'ambiance du marathon de Tokyo contraste avec celle de New York, les Japonais étant moins exubérants, mais leur gentillesse et leur bienveillance compensent largement cette différence !

Thomas Cambou

Le marathon de Tokyo a déjà eu deux vies : une première avant 2007, où seuls les coureurs élites étaient conviés avec, en parallèle, une course ouverte aux amateurs japonais uniquement, et la deuxième, depuis 2007, où les étrangers ont commencé à s'intéresser en nombre à cette destination puisqu'elle est devenue indispensable pour obtenir la fameuse médaille Abbott.
Il reste pourtant le plus « petit » des majors, avec seulement 37 500 dossards attribués par an et une ambiance particulière. Même s'il est coutume de dire que Tokyo est le « New York de l'Asie », tout coureur vous dira qu'on est loin de la folie de Central Park. Là où on retrouve l'exhubérance américaine, c'est du côté des bénévoles qui ne sont pas moins de 10 000 à donner de leur temps pour orienter, ravitailler et « médailler » les participants à leur arrivée. Le départ est donné devant la mairie de la ville et les plus chanceux ont le privilège d'entendre l'orchestre philharmonique qui fait le déplacement pour l'hymne. C'est parti pour une balade qui se veut touristique, avec presque 8 km de faux plat descendant, propice à la performance.

Un nouveau parcours plus urbain et plus touristique

Le parcours qui, pendant des années, a entraîné les coureurs vers le port de la ville, passe aujourd'hui dans le centre avec une arrivée du côté de la gare centrale. Shinagawa, Ginza, Asakusa, Nihonbashi ou encore Tuskiji sont les quartiers traversés. Mais autant prévenir tout de suite, le Palais impérial est camouflé au milieu d'un parc superbe que les marathoniens ne sont pas autorisés à traverser. L'épingle à cheveu au 36e kilomètre est certes parfois un peu compliquée à gérer mais permet d'encourager et de croiser d'autres coureurs que l'on quittera au 40e kilomètre pour filer vers l'arrivée. Plus qu'un parcours, c'est une expérience que le marathon de Tokyo donne à vivre, à la découverte des codes d'un pays qui adore la course à pied.

BON à SAVOIR

La loterie existe mais avec 320 000 candidats pour 37 500 dossards, le calcul est vite fait, seuls 10 % verront leur vœu exaucé. Reste, comme pour New York ou Londres, la solution des tour-opérateurs qui ne sont plus très nombreux à proposer la destination, tant les tarifs ont flambé avec la crise du Covid. Pour les plus chanceux (ou les plus riches...), le marathon de Kyoto s'organise 15 jours avant celui de Tokyo, il y a donc possibilité de faire le doublé. Quitte à aller si loin, autant rentabiliser le voyage ! Attention, contrairement à ce que l'on pourrait imaginer, les Japonais parlent très peu anglais. Et non, ils ne mangent pas des sushis midi et soir... Ce sont des plats de luxe qui sont exceptionnels chez eux. La nourriture quotidienne s'oriente beaucoup plus sur des soupes avec des nouilles type *soba* (à base de sarrasin) et autres beignets de légumes.

Doi Inthanon Thailand by UTMB®
Pagode royale et jungle magistrale !

- 182 km – 10 770 m D+
- Période : décembre
- Départ : Parc national Doi Inthanon – Arrivée : Parc royal Rajapruek - Chiang Mai
- Temps maximum : 48 h
- Niveau de difficulté : 4/5
- Date de création : 2020
- Derniers vainqueurs (2022) : Jiaju Zhao, 21 h 53 min 49 s / Jenny Quilty, 27 h 24 min 14 s
- Site : inthanon.utmb.world

Chaque ultra est une aventure, une équation à plusieurs inconnues. Mais celle-ci l'était encore plus pour moi. Aucun plan de course, aucune estimation de temps, aucune pression, juste savourer et profiter du moment. Je crois que j'ai rarement été aussi souriant pendant une course, émerveillé par les paysages, la joie des locaux quand on traversait des villages, la gentillesse des bénévoles. Et être au coude-à-coude avec Jay Jantaraboon, coureur « élite » réputé dans son pays qui était soutenu sur le parcours par toute la communauté trail thaïlandaise. C'était génial ! Une hypoglycémie dans la montée finale, un mur de 1200 de dénivelé dans la jungle, me fut fatale pour me battre jusqu'au bout. Mais je me satisfais largement de ma 2e place. Cela n'en reste pas moins une course incroyable et brutale avec des dizaines de rivières à traverser, des centaines de troncs d'arbre à enjamber, des lianes et des racines partout, qui m'auront valu plusieurs chutes. J'ai fini épuisé et les pieds détruits ! Cet ultra a vraiment tout d'un grand.

Cédric Goléa, 2e du 100K de l'édition 2021 en 14 h 53 min 57 s

Née de la volonté de la Thaïlande de changer le regard des autres pays sur sa réputation pas toujours valorisante, le Doi Inthanon Thailand by UTMB® réussit le pari d'offrir un parcours unique au milieu du parc national du même nom où la végétation dense ne laisse que peu de repos aux traileurs, tout en leur faisant découvrir temples et villages typiques de cette région frontière avec la Birmanie. En quelques années à peine, la Thaïlande est devenue une vraie terre de trail avec de nombreux trails organisés dans tout le pays. Le premier à avoir pris une envergure internationale est celui de Doi Ithanon, organisé sous l'égide du circuit UTMB®. Il est devenu le « major » du continent, ouvrant aux coureurs ayant la chance de finir sur le podium une sélection pour la course de Chamonix. Cela a entraîné quelques réactions du côté des coureurs européens, persuadés à tort que la course serait facile... Ce n'est pas parce qu'il n'y a pas de montagnes enneigées dans cette partie de l'Asie que le parcours est roulant, loin de là ! La jungle réserve bien des surprises, avec une végétation tellement dense qu'on y perd vite ses repères, sans parler du fait qu'il faut rester concentré durant l'épreuve pour éviter les chutes, les pieds se prenant facilement dans une racine mal placée. Et que dire de l'humidité qui règne, même à cette période de l'année ?

La jungle, des cascades… Et les babouins comme témoins !

La beauté du parcours rend l'expérience unique, entre forêt tropicale et cascades. Le coureur peut se retrouver poursuivi par un singe farceur, le parc abritant de nombreux babouins. On entend aussi les oiseaux qui créent une bande-son unique en son genre. Autre privilège : après un kilomètre vertical épuisant, la traversée des jardins aménagés autour des deux élégantes pagodes Phra Mahathat Naphamethanidon et Phra Mahathat Naphapholphumisiri, dédiées au roi et à son épouse. Il ne reste alors qu'à piquer tout droit vers la ligne d'arrivée géante construite en bambou où vous attend la médaille en céramique vert jade. Un *pad thaï*, une douche, et il est temps d'aller visiter la Thaïlande dont le surnom, « pays du sourire », est loin d'être usurpé.

BON à SAVOIR

Il faut se pencher très vite sur la question du logement parce que le parc est situé à une petite centaine de kilomètres de l'aéroport de Chiang Mai. Pour plus de confort, on essaiera donc d'être sur place le jour J. Contrairement à ce qu'on pourrait imaginer, l'offre hôtelière n'est pas abondante dans le parc. Il y a beaucoup de petits hôtels qui ressemblent à des pensions de famille. Des navettes existent mais les places partent très vite. Il faut absolument suivre la page Facebook de la course (www.facebook.com/thbyutmb) : les Thaïs se servent quasi exclusivement de ce support pour communiquer les informations de dernière minute. Les ravitaillements sont asiatiques avec des soupes de nouilles et beaucoup de choses sucrées. Il est conseillé de partir en autonomie si vous avez l'estomac fragile. Les bâtons, si on a l'habitude de s'en servir, sont loin d'être une mauvaise idée !

TransLantau140 by UTMB®
Le trail du buffle...

- **142 km – 7 000 m D+**
- **Période : novembre**
- **Départ et arrivée : Mui Wo Market - Lantau**
- **Temps maximum : 42 h**
- **Niveau de difficulté : 4/5**
- **Date de création : 2012**
- **Derniers vainqueurs (2019) : Kazufumi Ose, 12 h 02 min 39 s / Audrey Tanguy, 13 h 36 min 19 s**
- **Site : translantau.utmb.world**

Je n'ai pas fait la course en elle-même mais j'ai profité de mon voyage de noces sur place pour aller repérer une grande partie du parcours en prévision, je l'espère, d'une prochaine participation. Malgré l'aéroport à proximité, cette île est l'une des plus sauvages du territoire de Hong Kong. Si de l'autre côté de la baie, les chemins sont très entretenus, rien de tout cela ici... Le parcours se rapproche de ce qu'on trouve dans nos montagnes. Ça ne monte pas très haut mais l'enchaînement de petites bosses est ludique, avec une vue superbe pour récompenser l'effort accompli. Le Grand Bouddha reste très impressionnant et fait oublier la partie plus urbaine du parcours qui y mène. Les petits villages sont tellement typiques qu'on oublie qu'on est à quelques encablures de Hong Kong, et surtout qu'il suffit d'un trajet de métro pour s'y rendre. Seul point important, la présence de serpents peut effrayer certaines personnes, même s'ils ne sont pas spécialement dangereux.

Claire Bannwarth

Après plusieurs années d'absence au calendrier des courses internationales, le TransLantau140 by UTMB® revient enfin en 2023 avec la ferme intention de reprendre sa place au sein des courses à avoir couru en Asie. Il faut dire que son parcours unique en son genre à quelques encablures d'une des villes les plus peuplées au monde remplit toutes les cases du dépaysement complet. Beaucoup de touristes venus découvrir Hong Kong vont passer à côté de cette île qui restera celle où ils ont atterri. Ils apercevront quelques paysages au travers de la vitre du Air Train qui les emmène à vive allure vers les buildings flamboyants de la ville sans soupçonner une seule seconde que Lantau regorge de chemins de randonnées superbes. Au mieux, ils y reviendront pour visiter le parc Disney mais ils ne sauront jamais que l'île est le lieu de villégiature préféré des Hongkongais qui fuient le bruit pour profiter des plages, de la végétation luxuriante et de la forêt tropicale. Forcément avec un décor pareil, on ne pouvait qu'avoir envie d'organiser un trail ! TransLantau140 by UTMB® est né de la volonté de deux Français expatriés de faire découvrir l'île il y a plus de dix ans. Le parcours couvre 142 km sur les sentiers les plus pittoresques des deux parcs nationaux de l'île de Lantau, pour un dénivelé positif cumulé de 7 000 m. Attention, c'est une course difficile qui, si elle ne mène les coureurs qu'à 934 m au plus haut du parcours (sommet du pic), reste difficile à cause de l'enchaînement des « coups de cul ». Pour s'inscrire, il faut d'ailleurs avoir une expérience sur un 100 km ou un temps minimum réalisé sur un 50 km.

Des buffles et un bouddha géant, un parcours 100 % dépaysant !

Les coureurs commencent par traverser la péninsule de Chi Ma Wan, montent jusqu'au Grand Bouddha de Ngong Ping, redescendent à Tai O, retraversent l'île et continuent sur le sentier olympique, pour finir à nouveau à Mui Wo, sans oublier qu'en plus du Lantau Peak, il faut en passer par les 854 m du Sunset Peak. Si vous avez peur des gros animaux, passez votre chemin ! Lantau est réputé pour ses buffles revenus à l'état sauvage qui se baladent tranquillement sur les chemins de randonnée. Ils ne sont pas agressifs, il faut les laisser passer et ne surtout pas crier ou s'agiter en vain, cela risquerait juste de les effrayer.

BON à SAVOIR

L'île de Lantau a une offre hôtelière très importante et, surtout, moins chère. Vous pouvez rester sur place et utiliser les transports en commun pour visiter Hong Kong. Il y a une ligne de métro et des ferries ultra-romantiques pour traverser la baie. Avec la carte Octopus, qui sert de carte de paiement pour tous les transports et dans les supermarchés, on circule facilement. Il fait doux à cette période de l'année, les conditions sont donc idéales pour courir mais attention à l'humidité. Les bâtons sont loin d'être une mauvaise idée, là encore ! La gestion du jet-lag est toujours compliquée, surtout avec une course qui part à minuit. La plupart du temps les vols arrivent au petit matin, et beaucoup d'hôtels proposent un *early checking* pour se poser et prendre une douche mais idéalement, on passe un maximum la journée dehors pour la production de mélatonine et ne pas souffrir du jet-lag trop longtemps. Il faut le préciser avant lors de la réservation pour éviter les mauvaises surprises !

Hong Kong 100 Ultra Marathon
La jungle urbaine...

- 103 km – 4 500 m D+
- Période : février
- Départ : Pak Tam Chung – Arrivée : Rotary Club Park
- Temps maximum : 14 h 10
- Niveau de difficulté : 4/5
- Derniers vainqueurs (2020) : Pei-Quan You, 10 h 17 / Fu-Zhao Xiang, 11 h 28 min 21 s
- Records : 2018, Min Qi, 9 h 28 min 36 s / Miao Yao, 10 h 40 min 52 s
- Date de création : 2011
- Site : www.hk100-ultra.com

J'ai eu la chance de participer trois fois à cette très belle course qui offre un parcours moins roulant qu'on pourrait l'imaginer. Première surprise : il y a parfois des chemins de randonnée technique à quelques centaines de mètres de la « civilisation ». Le parcours est bien cassant mais beaucoup plus accessible qu'un 100 miles, c'est donc une très bonne idée pour quelqu'un qui voudrait se lancer dans l'ultra-marathon. La nuit, lorsqu'on court sur les crêtes, on a une vue superbe sur la ville de Hong Kong éclairée. Les quelques passages sur la route sont dépaysants parce que la jungle qui l'entoure rend l'ensemble ultra-vert. C'est l'occasion rêvée pour des rencontres inédites avec des troupeaux de singes ou de phacochères plutôt pacifiques. Attention à la météo pour l'équipement. Lors de la dernière édition à laquelle j'ai participé, le vent et le froid soudain ont rendu les routes ultra-glissantes, les derniers coureurs ont fini par descendre sur les fesses ! Si j'y suis allé trois fois, c'est qu'il y a une raison et j'espère bien inaugurer le dicton « jamais trois sans quatre » prochainement.
Sange Sherpa, 16e en 2016, 12e en 2018 et 22e en 2019

Lorsqu'on dit Hong Kong, la première image qui vient à l'esprit, ce sont les tours immenses accrochées le long de la montagne Victoria, mais personne ne pense que ce territoire regorge de chemins de randonnée et qu'il est possible de faire des sorties incroyables en prenant le métro. Avec un vaste territoire couvert à 75 % de campagnes et de parcs naturels, un séjour axé autour du sport est donc tout à fait envisageable Pour la petite histoire, c'est aux Anglais que l'on doit en très grande partie l'aménagement des montagnes avec les fameux escaliers taillés dans la roche pour que les chemins restent praticables, même pendant les épisodes de mousson. Autre originalité assez peu connue du grand public, la beauté des plages de Hong Kong où le surf est la principale activité, dans une eau turquoise qui n'est pas sans rappeler celle des Seychelles.

Un territoire aux paysages ultra-variés, taillé pour le trail

Qui dit anglais dit trail... Après tout, quoi de plus logique, tout le monde s'entend pour reconnaître qu'on doit aux Anglais l'invention de la discipline. Organisé en début d'année, le Hong Kong 100 Ultra Marathon (il propose également un 50 km, et un 30 km) a très vite trouvé sa place dans le calendrier des courses internationales. Il faut dire que le terrain s'y prête vraiment avec du dénivelé, des chemins taillés au cœur de la jungle, les fameux escaliers qui permettent de descendre sur les plages pour quelques kilomètres bien sablonneux avant de repartir au cœur de la forêt verdoyante. La date limite les risques de grosses chaleurs mais l'humidité est forcément au rendez-vous et il peut même faire frais. Il ne faut pas s'attendre à croiser beaucoup d'animaux mais se retrouver en tête à tête avec une vache sauvage est beaucoup plus courant qu'on ne le pense. Avec l'expansion de la ville, les paysans sont devenus ouvriers et se sont contentés de rendre leur bétail à la nature alentour, où les vaches ont continué à vivre tranquillement. Pour le « décrassage », les jours qui suivent, il suffit de louer un vélo pour continuer la découverte de ce territoire hors norme, d'aller visiter les superbes musées et, surtout, de tester les multiples restaurants, la cuisine hongkongaise étant réputée comme une des meilleures au monde.

BON à SAVOIR

Idéalement, on choisira les hôtels recommandés par l'organisation parce qu'ils sont à proximité des bus affrétés pour rejoindre la ligne de départ. Les prix sont négociés et c'est un stress de moins à gérer. Attention aux ravitaillements qui, comme partout sur le continent asiatique, sont très sucrés. Pour la longue distance, cela peut poser problème aux estomacs français. Pensez-y en préparant votre sac, d'autant que vous devez être autonome question vaisselle. Pensez à prendre votre carte Octopus pour le métro ou tout moyen de transport ou en cas d'abandon, mais aussi pour payer vos petites dépenses sans contact dans les épiceries ou les coffee-shops. Ça évite de partir avec une carte de crédit qu'on risque de perdre.

Ultra-Trail d'Angkor
Le joyau de l'Asie

- **100 km – 4 500 m D+**
- **Période : janvier**
- **Départ et arrivée : Temples d'Angkor**
- **Temps maximum : 22 h**
- **Niveau de difficulté : 3/5**
- **Date de création : 2016**
- **Derniers vainqueurs (2023) : Véronique Messina, 12 h 20 min 07 s / Jean-Luc Puong, 12 h 30 min 48 s**
- **Site : ultratrail-angkor.com**

L'Ultra-Trail d'Angkor, c'est avant tout un voyage et la chance unique de courir sur le site archéologique de Siem Reap, au cœur des temples d'Angkor, au Cambodge, le bien nommé « majestueux royaume ». C'est aussi une aventure humaine qui permet d'aller à la rencontre d'un peuple et d'une culture que des événements politiques terribles n'ont pas réussi à détruire. Quand on sait que le site des temples est classé au Patrimoine mondial de l'humanité par l'Unesco, on comprend les difficultés que l'organisateur a dû rencontrer pour négocier les précieuses autorisations. Mais l'avantage, c'est que cela limite le nombre de coureurs présents sur les différents formats. En effet, on peut choisir parmi six formats différents qui vont du 8 au 100 km. Il y a même une randonnée de 18 km pour que vraiment personne ne soit oublié.

J'y ai participé quatre fois, en 2017, 2018, 2019 et 2020 et à chaque fois j'ai ressenti une énergie particulière, très forte en émotion, parce que je revenais dans le pays que mon père a fui en 1978 après avoir été emprisonné trois années par les Khmers rouges. La course, format 32 km, a commencé à 7 heures du matin pour éviter la chaleur et l'humidité. Il faut partir très prudemment. Sentiers, rizières, ponts en bois, habitants étonnés de voir passer des coureurs, traversée de temples où les racines des arbres s'entremêlent avec les pierres... la sensation d'être dans un autre monde. Jusqu'à l'arrivée, j'ai eu les yeux écarquillés par tout ce que je voyais. Certes, il n'y a pas beaucoup de dénivelé mais ça n'en rend pas la course moins difficile ! J'ai eu la chance d'y participer sur les conseils d'Anne Guillon et Antoine Guillon, parrain de la course, accompagné de Ludovic Collet, le speaker que tous les traileurs connaissent, et ce beau voyage m'a permis de rencontrer le secrétaire général du comité olympique cambodgien puis de courir pour l'équipe nationale cambodgienne. J'y retourne en janvier 2024 en tant que marraine.
Laurie Phaï, 1re féminine en 2019 sur le Jungle Trail en 2 h 44 min 38 s

Des temples aux rizières, toute la beauté d'un pays en quelques foulées

La course, surtout le long format, ne se contente pas de boucles dans les temples mais emmène les participants à la découverte de la vie locale, entre rizières et villages. Même s'il faut rester lucide – la pauvreté ne leur permet pas de s'intéresser outre mesure aux coureurs –, l'accueil des Cambodgiens est enthousiaste tout le long du parcours. Et surtout, le SDPO, l'organisateur de cet incroyable projet, propose en parallèle excursions et découvertes de la tradition locale. Il ne faut donc pas hésiter à prolonger son séjour pour visiter les temples de Banteay ou Beng Mealea, sans oublier la légendaire baie d'Halong.

BON à SAVOIR

Même si la course est organisée fin janvier, il faut s'attendre à une chaleur réelle mais surtout à un degré d'humidité difficile à supporter. Soyez sérieux côté hydratation en privilégiant la prise d'électrolytes pour limiter les risques de déshydratation. Vu la nature du terrain et l'environnement climatique, il faut éviter de choisir cette destination pour un premier 100 km. Si c'est votre cas, vous serez certainement plus à l'aise sur un 64 km. Avec de l'eau tous les 10 km et des ravitaillements très sucrés, l'autonomie est loin d'être une mauvaise idée si on a l'estomac capricieux.

Salomon Cappadocia Ultra-Trail®
Dessine-moi un ballon...

- **119 km – 3 730 m D+**
- **Période : octobre**
- **Départ et arrivée : Urgup**
- **Temps maximum : 24 h**
- **Niveau de difficulté : 3/5**
- **Date de création : 2014**
- **Derniers vainqueurs (2022) : Oğuzhan Emre Singer, 12 h 20 min 57 s / Ivana Kolarić, 16 h 23 min 11 s**
- **Records : Gediminas Grinius, 10 h 56 min 07 s en 2017 / Louise Clifton, 12 h 41 min 32 s en 2019**
- **Site : cappadociaultratrail.com**

J'ai eu la chance de participer deux fois au Cappadocia Ultra-Trail sur la version Medium de 64 km. Cette épreuve est l'une des plus belles auxquelles j'ai pu participer. Tout d'abord l'ambiance y est formidable. Cet événement est très important en Turquie, et couvert par de nombreux médias. Même la ministre des Sports était de la fête lorsque j'y ai participé ! C'est un dépaysement entre maisons troglodytes, cheminées de fées, vallées vertes et sommets arides. En l'espace de quelques heures, on en prend plein les yeux (et plein les jambes) en traversant la plupart des sites remarquables de Cappadoce ! Sans oublier ce départ au lever du jour, durant lequel on admire des centaines de ballons qui colorent le ciel. Encouragés par des bénévoles aux petits soins, vous serez également accompagnés par quelques Kangals, ces grands chiens impressionnants, qui vous suivront et vous ouvriront parfois la voie !
Michel Bowie, www.my-trail.fr

Pour les férus d'histoire la Cappadoce, c'est le rêve absolu ! Hittites, Perses, Macédoniens, Romains... ils se sont tous battus pour la posséder avant qu'elle se convertisse au christianisme. Son patrimoine religieux est absolument unique, puisqu'entièrement troglodyte ou presque, avec des églises creusées à même le tuf. Plusieurs sites de Cappadoce, dans les environs de Nevşehir, sont inscrits au patrimoine mondial depuis 1985 sous le nom de Parc national de Göreme et sites rupestres de Cappadoce.
Pour les instagrameurs et la très grande majorité des touristes, c'est surtout le lieu où il faut être allé une fois dans sa vie, pour décrocher son cliché au lever du soleil avec les dizaines de ballons colorés qui décollent en même temps. Pour les traileurs, c'est aussi celui où tous les ans, on organise un trail, ou plutôt trois trails puisque trois distances y sont proposées pour qu'un maximum de personnes participent à la fête : le Cappadocia Ultra-Trail (119 km), le Cappadocia Médium Trail (63 km), et enfin le Cappadocia Short Trail (38 km). Le parcours sillonne les plaines désertiques, longe des lacs bleu azur et fait découvrir, entre les fameuses cheminées de fée, ces immenses colonnes de roche taillées créées par des milliers d'années d'érosion. À l'arrivée, on oublie le traditionnel burger frites pour se jeter sur les fameux *köfte*, les boulettes de viande typiques de la région.

Trois distances pour trois trails uniques dans un site historique

Se contenter d'aller si loin pour une course n'est pas envisageable, il faut penser à réserver un vol en montgolfière pour découvrir la région du ciel après l'avoir fait sur la terre ferme. Parmi les lieux à visiter, il y a la ville souterraine de Kaymakli, un des plus anciens villages de Cappadoce, puisque les archéologues ont daté les premières cavités de l'époque des Hittites ! Il ne faut pas rater non plus le musée en plein air de Gorëme pour y admirer les superbes fresques datant du xe siècle, illustrations parfaites de la majesté de l'Empire byzantin. Le Salomon Cappadocia Ultra-Trail®, c'est une expérience unique, à la fois historique, géologique et gastronomique... Peu de courses peuvent le revendiquer !

BON à SAVOIR

Si l'on a peur des Kangals (gros chiens locaux), cette course peut être un peu problématique. Certes, il n'y a jamais eu d'agressions à signaler, mais il faut faire avec. Certains singles à flanc de montagne peuvent être jugés un peu « gazeux », on veillera donc à ne pas s'engager sur cette course si on est sujet au vertige. Attention à ralentir pour éviter les mauvaises chutes. Pour le logement, la course offre de nombreux partenariats avec des hôtels locaux mais n'hésitez pas à prévoir une ou deux nuits supplémentaires pour goûter à l'habitat troglodyte qui fait la spécificité régionale.

Alix Noblat
alias @alixkohlanta

La passionnée

J'aime changer de destination de courses autant que possible, mais j'aime aussi choisir des parcours de plus en plus techniques pour me challenger. J'ai encore une marge de progression assez importante puisque je débute dans ce sport. Comme beaucoup, je cherche encore un peu mes limites. Quoi de mieux pour cela que de rallonger les distances ou changer les terrains ? Par rapport à Mathieu (Blanchard), mon compagnon, qui vise la performance, j'ai la chance de ne pas être attendue en tant qu'« athlète ». Je n'ai aucune obligation vis-à-vis de mon activité professionnelle. Je suis donc entièrement libre et j'en profite un maximum pour découvrir de nouvelles destinations, baskets aux pieds.

Assez paradoxalement, c'est lorsque je suis mal que je profite le plus des paysages. Je lève la tête et je me dis : « Tu es venue pour ça, alors profite ! » Sur le Restonica Trail où mes pieds m'ont lâché avec de grosses ampoules très douloureuses, les paysages m'ont portée jusqu'à la ligne d'arrivée. Je prends plus le temps de profiter de ce qui m'entoure sur les ultras. Sur les formats plus courts, je lève beaucoup moins la tête et c'est pour ça que je préfère les longues distances qui me permettent de profiter de mon environnement et plus longtemps, évidemment. Un ultra, c'est plus qu'une simple course, c'est une véritable aventure et je le vis comme telle de bout en bout.

Si je dois retenir une course parmi toutes celles que j'ai faites à ce jour, c'est le trail de Bourbon (109 km, 6 260 m D+ dans le cadre du Grand Raid de La Réunion), pour son énergie, la bienveillance des gens et les paysages. C'est aussi mon premier ultra, ma « première fois » ! Cette course a une énergie très particulière qui est assez difficile à expliquer parce qu'elle se vit. C'est une vraie fête qui fait vibrer toute une île pendant presque une semaine. La performance est attendue pour les athlètes mais aussi pour le reste du peloton. La course est vécue comme un 14 juillet, une sorte de « fête nationale du trail ».

Assez paradoxalement, alors que je suis traileuse moi-même, mes moments les plus forts restent ceux où je fais l'assistance de Mathieu parce que j'aime participer à sa performance, j'aime l'aider pour se challenger. Je dis toujours : « On gagne à deux, on perd à deux. » J'ai l'impression de courir avec lui, que l'on est une Hydre de Lerne à deux têtes alors que l'original en comptait sept. Il y a des rebondissements, on sait combien sont au départ, mais pas combien seront à l'arrivée... Je n'ai pas de dossard mais je vis la course au plus profond de mon être et dans ces moments-là, j'adore ce sport et les émotions de dingue qu'il me fait vivre.

Two Oceans Marathon
D'un océan à l'autre…

- **56 km – 256 m D+**
- **Période : avril**
- **Départ : Newlands – Arrivée : Rondebosh**
- **Temps maximum : 7 h**
- **Niveau de difficulté : 4/5**
- **Date de création : 1970**
- **Derniers vainqueurs (2023) : Givemore Mudzinganyama (record de l'épreuve en 3 h 09 min 56 s) – Gerda Steyn (record de l'épreuve en 3 h 29 min 06 s)**
- **Site : www.twooceansmarathon.org.za**

J'ai eu beaucoup de chance lors de ma participation au Two Oceans Marathon : de super sensations, une ambiance de folie, des paysages à couper le souffle, une organisation au top. Tout était parfait et j'ai pu profiter de la fête de bout en bout. Même la météo y a mis du sien puisque la pluie annoncée s'est arrêtée dès le coup de sifflet ! Il y a eu un peu de vent et plusieurs rafales du côté de l'océan m'ont obligée à m'arrêter mais ça n'a pas été si compliqué à gérer que cela. L'ambiance est incroyable du début à la fin avec les encouragements typiques des pays anglo-saxons : « *You can make it…* », « *You look good…* », « *Great job* »… ça n'arrête pas ! Sans parler des panneaux brandis par les spectateurs qui sont souvent très drôles et en lien avec le lieu du parcours, comme le classique « *Don't stop to smell flower* » dans les jardins de KirstenBosch. Seul détail pour les Français, les ravitos liquides tous les miles et l'absence de nourriture solide. Il faut prévoir d'être en autonomie.
Laura Simonis

Attention, le nom est trompeur… Comme pour le marathon des Sables qui n'a de marathon que le nom, le Two Oceans Marathon fait en réalité 56 km et se range donc plutôt dans la catégorie des ultras. Un peu comme dans l'Ultra-Trail Cap Town, le parcours permet de profiter des plus beaux panoramas de l'Afrique du Sud : des plages de l'océan Indien en passant par la steppe, ainsi que des montagnes jusqu'aux eaux turquoise de l'Atlantique.
C'est une des plus vieilles courses du monde puisqu'elle est organisée depuis 1970, où seuls 26 coureurs purent voir la ligne d'arrivée. Aujourd'hui, il n'est pas rare d'avoir plus de 25 000 personnes au départ, toutes distances confondues. L'engouement pour l'épreuve est tel que l'organisation a mis en place une petite sélection des candidats qui doivent présenter un temps qualificatif sur la distance marathon pour s'inscrire. Pas de panique, on est loin des temps exigés pour le marathon de Boston. Si la course est régulièrement organisée le week-end de Pâques, soit début avril ou fin mars, on peut quand même atteindre les 30 °C, ce qui nécessite de partir bien équipé pour ne pas se déshydrater.

Une des plus anciennes courses sur route au monde !

La course commence dans le Newlands, la commune la plus humide du pays en raison de précipitations hivernales élevées dues à sa situation géographique. C'est aussi un quartier huppé de la capitale qui abrite bon nombre d'ambassades, d'écoles privées, mais surtout une superbe forêt et des équipements sportifs en nombre attirant tous les week-ends une foule de passionnés. Elle est au pied de la fameuse Table Mountain, du côté océan Indien. La partie Muzenberg et Fish Hoek, avec sa succession de zones urbaines et de plages, n'est pas la plus passionnante du parcours. C'est donc l'occasion idéale pour reprendre des forces avant d'appréhender Chapman's Peak et Hout Bay, où le dénivelé s'associe parfois à un vent de l'océan qui peut décontenancer. Mais la vue sur le port de Hout Bay vaut tous les efforts du monde ! L'arrivée se fait au sein de l'université de Cap Town après un passage inoubliable entre montagnes et végétation endémique.

BON à SAVOIR

Soleil, chaleur, vent et dénivelé... Non seulement le parcours est plus long que celui d'un marathon, mais il n'est pas des plus faciles... Il faut donc inclure des séances de cotes dans sa préparation. L'ambiance est incroyable et très démonstrative. N'oubliez pas de porter votre médaille dans la rue le lendemain, le « Medal Day » est une tradition que tous respectent ! Il y a de nombreux points d'eau mais avec le vent et la chaleur, les risques de déshydratation sont réels, il ne faut donc pas hésiter à opter pour des électrolytes pendant la course pour limiter la perte de minéraux. Cela évitera largement les crampes.

Comrades Marathon
L'ultra hommage

- **89 km – 1 300 m D+**
- **Période : juin**
- **Départ et arrivée : Durban pour une course montante, Pietermaritzburg pour une course descendante l'année suivante, et vice et versa.**
- **Temps maximum : 45 h**
- **Niveau de difficulté : 3/5**
- **Date de création : 1921**
- **Derniers vainqueurs (2023) : Tete Dijana, 5 h 13 min 58 s/ Gerda Steyn, 5 h 44 min 55 s**
- **Site : www.comrades.com**

Le marathon des Comrades est unique. C'est un ultra sur route de 90 km qui donne envie de l'attaquer comme un marathon urbain ordinaire. Ce serait une grossière erreur ! Il est tout sauf roulant, et partir trop vite, trop fort, c'est l'échec assuré à l'arrivée. Que vous couriez l'année « Up » ou « Down »*, vous ferez à peine un pas sur une route plate. Vous devez donc envisager de le gérer lentement et régulièrement, mais la ligne d'arrivée en tête, quel que soit votre chrono. Heureusement, l'atmosphère électrique et la camaraderie entre coureurs et les spectateurs venus en nombre sont motivantes. C'est une explosion de 12 heures de joie, de bruit, de danse, de chant, de douleur et de gloire. Lorsque le doute s'installe et que vos quadriceps décident d'arrêter, il y a des milliers d'autres coureurs et supporters sur les bords des routes pour vous aider à atteindre l'incroyable arrivée du stade dans les temps.
Kieran Alger, *alias* @manvmiles

Une course devenue en quelques années une légende du continent africain, une ambiance particulière où se mêlent l'histoire avec un grand H et des coureurs du monde entier venus rendre hommage à des soldats et à un peuple qui s'est battu pour sa liberté. L'histoire de cette course qui a lieu en Afrique du Sud tous les ans ou presque depuis 1921 fait en réalité écho à notre propre histoire européenne. Lors de la Première Guerre mondiale, un régiment de l'armée sud-africaine traqua les troupes du général allemand Glenn Paul Von Lettow sur plus de 2 000 km. Une bataille féroce au cœur de la savane africaine fit des milliers de morts dans les deux camps. Vic Clapham, l'un des survivants de ce carnage, se mit en tête, dès la fin de la guerre, de rendre hommage aux combattants du 8th South African Infantry. Il demanda l'autorisation d'organiser une course entre Durban et Pietermaritzburg sur cette terre où des dizaines de ses compagnons d'armes étaient morts au combat. Les autorités sud-africaines, effrayées par l'énormité de la distance à parcourir et craignant pour la vie des coureurs, refusèrent durant deux ans avant de céder face à l'insistance du soldat. Le Comrades Marathon, qui n'a de marathon que le nom puisque cette course fait en réalité 89 km, se court pour la première fois le 24 mai 1921.

* Chaque année l'organisation change de sens pour la course, cela entraîne, à cause du dénivelé, une année qui « descend » et une année où le parcours est plutôt « montant ». Cela tient à quelques mètres de différence en réalité !

Une course en souvenir des sacrifiés de la Première Guerre mondiale

L'histoire de cette course grandit et évolue avec celle de son pays. Il faudra de nombreuses années avant que les Noirs y soient officiellement autorisés même s'il n'était pas rare avant cette date d'en apercevoir dans les rangs des participants. Pour la petite histoire, c'est la même année (en 1975) qu'on autorisa les femmes à y participer ! Parmi les histoires qui ont fait la légende de cette course, difficile de ne pas évoquer celle d'Arthur Newton, vainqueur de cinq éditions, qui céda son trophée au second estimant qu'il avait plus de mérite que lui parce qu'il n'avait pas eu autant de temps pour se préparer. Bruce Fordyce, neuf victoires à son actif, attendait toujours le 80e kilomètre pour serrer la main du leader en passant, avant de filer vers l'arrivée.

Un chant du coq pour départ, un sens qui change chaque année…

Ce n'est pas un coup de pistolet qui donne le départ mais le chant du coq puisqu'il est donné à 5 h 30 du matin. Le parcours est ponctué de cinq collines baptisées les *big five* par les coureurs, en référence aux cinq mammifères emblématiques d'Afrique. Il y a une alternance du sens de la course dont le départ est fixé une année sur deux à Durban pour une course « montante » de 87 km, et à Pietermaritzburg pour une course « descendante » de 89 km la suivante. Le parcours reste le même au milieu et le dénivelé est toujours au rendez-vous. L'ambiance est dingue, on vient de tout le pays pour encourager les coureurs et pique-niquer dans les champs aux alentours. Pendant des dizaines d'années, à cause de l'apartheid, cette course était la seule à laquelle bon

nombre de coureurs du pays pouvaient participer. Comme à Boston, la médaille est la même depuis la première édition, avec un Hermès messager des dieux grecs et le nom de la course. Il y a même un mur où le coureur finisher peut acheter une pierre et la faire graver à son nom, comme preuve éternelle de son exploit ! Les Comrades est vraiment une course à part, une vraie part de notre histoire.

BON à SAVOIR

Plus de 90 % des participants sont sud-africains. Si vous atterrissez au Cap, vous n'avez pas le choix : par les airs, il faut prendre un vol intérieur pour rallier Durban ; par la route, il faut compter plus de 17 heures, ce qui est compliqué et fatiguant. Mieux vaut atterrir à Johannesburg, qui n'est pas la plus belle ville du monde... Les plages sont sublimes, même s'il faut faire attention à respecter les consignes de sécurité, car les requins sont présents. Si vous souhaitez nager avec eux, c'est possible, à condition de le faire avec des personnes qualifiées. La ville a grandi au gré des vagues d'immigration, il ne faut pas rater le quartier chinois qui ressemble à un quartier indien avec le temple Sri Radha Radhanath.

L'Ultra-Trail Cape Town®
Le trail du bout du monde !

- 100 km – 4 972 m D+
- Période : novembre
- Départ et arrivée : Cap Town
- Temps maximum : 24 h
- Niveau de difficulté : 4/5
- Date de création : 2014
- Derniers vainqueurs (2022) : Dmitry Mityaev et Hannes Namberger, 10 h 45 min 35 s / Camille Bruyas, 12 h 15 min 21 s
- Records : 2021, Jim Walmsley, 9 h 47 min 20 s / 2019, Beth Pascall, 10 h 55 min 25 s
- Site : www.ultratrailcapetown.com

Le parcours du 100 km a beaucoup évolué avec le temps, avec des modifications presque tous les ans, ce qui crée un effet de surprise certes sympathique mais qui ne permet pas d'avoir une référence de temps. L'organisateur m'a dit lors de ma dernière participation, en 2022, que le parcours actuel était appelé à durer. Tant mieux parce qu'il est unique en son genre. J'ai découvert la destination quand je vivais à La Réunion voisine, et tout de suite, j'ai su que je reviendrais ! Le parcours réussit le pari dingue d'offrir en 100 km des passages roulants avec une vue sur la ville de Cap Town, la mer, et ce cap qui fait rêver les marins du monde entier, mais aussi des passages très techniques... Sans oublier le bord de mer où les candidats peuvent avoir de l'eau jusqu'au nombril ! Il y a aussi un mélange assez fou de civilisation toute proche et de désert total ! À Cap Town, il existe une communauté très importante de traileurs, avec des pratiquants venus du monde entier qui se réunissent chaque mardi pour courir. À Annecy, terre de trail par excellence où j'habite, je ne suis même pas sûre qu'on arriverait à créer un tel groupe. L'Ultra-Trail Cape Town, c'est à la fois une aventure sportive unique et une aventure humaine d'une incroyable richesse... Je vais y retourner, à n'en pas douter !
Camille Bruyas, 1re féminine de l'édition 2022 en 12 h 15 min 21 s

Né en 2014, l'Ultra-Trail Cape Town® est une course internationale majeure avec une cinquantaine de nationalités au départ et bon nombre de coureurs élites qui s'y retrouvent pour batailler une dernière fois avant de rechausser les skis de randonnée. L'événement dure presque une semaine avec pleins d'animations autour du trail pour souhaiter la bienvenue aux coureurs.
Le départ est donné en pleine ville, ce qui facilite grandement la logistique. Direction Signal Hill, Lions Head et la face nord de Table Mountain pour une vue à 180° sur la baie au lever du soleil. Commence alors la plus longue ascension verticale de la course jusqu'à Platteklip Gorge, avec des pentes dépassant les 35 degrés. Après 25 km, les participants ont déjà parcouru un dénivelé positif de 1 700 m. Quelques centaines de mètres le long des magnifiques Douze Apôtres et on attaque la descente ultra-technique du ravin de Llandudno. Un peu de plat avec les étendues côtières de Sandy Bay et il est temps de remonter vers Suther Peak, East Fort et Blackburn Ravine. Il faut attendre la partie reliant Kommetjie à Noordhoek pour souffler un peu et profiter du plat.

Plus qu'une simple course, un événement festif qui fait vibrer une ville entière !

Pas le temps de ranger les bâtons, la dernière difficulté est là avec le Chapman's Peak à gravir. Un peu de vignes pour souffler, un peu de verdure avec les forêts de Cecilia et de Newlands qui tombent à point nommé si le temps est à la canicule. Il ne reste qu'une dizaine de kilomètres avec des points de vue sur la ville, l'océan Atlantique, Table Mountain et Lions Head. C'est fini, la bière fraîche vous attend à l'arrivée, et elle sera amplement méritée !

BON à SAVOIR

En Afrique du Sud, il n'y a pas de décalage horaire à gérer, ce qui est loin d'être un détail pour un ultra. Fin novembre, c'est l'été austral et la chaleur joue régulièrement les trouble-fêtes sur l'épreuve. Il faut donc partir équipé en conséquence, avec suffisamment d'eau. Cap Town est touristique et l'offre hôtelière, colossale, à portée de tous les budgets. On évoque souvent l'insécurité. Elle existe bel et bien mais la première chose à faire est d'éviter les quartiers considérés à risques... À l'arrivée, les hôtels proposent souvent une navette. Cette option avec paiement à réception, certes un peu plus chère qu'un Uber, est une garantie de sécurité. Les vols directs de France arrivent souvent en pleine nuit, c'est à la fois plus confortable et plus rassurant. Il faut rester plusieurs jours sur place pour découvrir les colonies de pingouins et autres lions de mer mais aussi visiter les vignes et déguster le fameux « champagne » rosé local qui devient une référence en la matière. Il est aussi possible de faire des safaris à la journée en partant de Cap Town.

Le Grand Raid de la Réunion
La Diagonale des Fous

- **165 km – 10 000 m D+**
- **Période : octobre 2023**
- **Départ : Saint-Pierre – Arrivée : Saint-Denis**
- **Temps maximum : 4 km/h**
- **Niveau de difficulté : 4/5**
- **Date de création : 1989**
- **Derniers vainqueurs (2022) : Beñat Marmissolle, 23 h 14 min 47 s / Courtney Dauwalter, 24 h 37 min 47 s**
- **Site : www.grandraid-reunion.com**

La Diagonale des Fous est une course mythique à La Réunion, et un ultra-traileur se doit d'y avoir tenté sa chance. En 2010, je me suis offert un dossard et un séjour pour mes 50 ans, et j'y suis retournée en famille en 2016 pour la course. J'ai presque tout adoré : le départ avec une foule immense au bord du parcours sur des kilomètres, la première montée jusqu'au volcan (de nuit, avec un petit coup d'œil derrière moi pour apercevoir un trait rouge de coulée de lave), les contrastes de température entre la journée et la nuit, la végétation luxuriante, les cirques de Cilaos et de Mafate, les Réunionnais mobilisés autour de cette course… Elle est difficile, certes, mais on est portés par les spectateurs et les sites naturels classés à l'Unesco. Attention à ne pas trop traîner au départ. Si un bon randonneur peut aller au bout, il faut se méfier de la première barrière horaire qui en a arrêté plus d'un. L'erreur à ne pas commettre : arriver trop tard de métropole et ne pas avoir le temps de s'acclimater. Cerise sur le gâteau : s'offrir un petit vol en hélicoptère après la course pour voir le parcours. Il est plus agréable de loger à Saint-Denis à l'arrivée, parce qu'après une telle course, il est plus simple de n'avoir qu'à marcher jusqu'à son logement sans prendre une voiture pour traverser l'île dans l'autre sens, sauf si un accompagnant se charge de conduire.
Valérie Levai

Il est assez drôle de penser que les deux courses de légende qui font vibrer les coureurs du monde entier ont à voir avec Chamonix… La première, l'UTMB®, y est née ; la deuxième, la Diagonale des Fous, est née de l'imaginaire de Jean-Jacques Mollaret, ancien gendarme du peloton de Haute montagne… de Chamonix ! La première édition est lancée en 1989 mais elle s'appelle encore la Marche des Cimes, elle ne fait « que » 112 km et relie Saint-Denis à Saint-Philippe, une petite ville du sud de l'île. Et ils ne sont que dix au départ ! L'année suivante, la marche devient la Grande Traversée, fait 120 km et relie le sud au nord de l'île. Ce n'est qu'en 1994 que la course prend l'envergure qu'on lui connaît aujourd'hui, et son nom. Un journaliste de *Jogging International*, Bernard Morin, titre : « Le Grand Raid de La Réunion, la diagonale des fous ». La légende vient de naître !

Un nom sorti de l'imaginaire d'un journaliste, le Grand Raid devient la Diagonale des Fous

La médiatisation grandissante, l'idée de traverser une île de bout en bout avec des volcans au milieu ne pouvaient que marquer les esprits. Si les premières années, les locaux brillent sur les podiums, la réputation de la course commence à attirer les « métros », et Vincent Delebarre gagne en 2006, Julien Chorier, en 2009. 2010 : une autre légende, Kilian Jornet, est là. Après sa victoire, la course prend un virage médiatique tel que tous les coureurs internationaux veulent en être, rendant quasiment improbable la victoire d'un Réunionnais. François d'Haene, Benoît Girondel pour les hommes, la très regrettée Andrea Huser, Nathalie Mauclair pour ne citer que quelques noms, marquent la course de leur empreinte. Elle fait aujourd'hui 170 km pour 10 000 de dénivelé positif avec des barrières horaires beaucoup plus larges que sa cousine, l'UTMB® Mont-Blanc, rendant cette folie un tout petit peu plus accessible. Commençant par une ascension du massif du piton de la Fournaise, volcan toujours actif, les coureurs ont ensuite la chance de traverser les cirques de Cilaos, Salazie et Mafate qui font la beauté du Parc national de La Réunion. Sortis des cirques, ils ont encore un programme chargé : le chemin Ratinaud, La Possession, La Grande-Chaloupe, le Chemin des Anglais et ses terribles pavés irréguliers, et le Colorado. Il ne reste plus que 5 km pour filer au fameux stade de La Redoute à Saint-Denis puis récupérer la fameuse médaille et le tee-shirt « J'ai survécu » !

BON à SAVOIR

Le retrait des dossards reste une première épreuve en soi... Tous les ans les coureurs se plaignent de la longue attente, il faut donc tout faire pour viser les horaires plus creux, partir avec de l'eau et un petit pliant pour s'asseoir – économiser son énergie est indispensable avant une telle course. Le départ donne lieu à de nombreux bouchons, il ne faut pas hésiter à bien se positionner et à « tracer » pour les éviter, c'est pourquoi un échauffement est loin d'être une mauvaise idée. L'assistance est autorisée mais avec la configuration particulière du terrain, une seule personne ne pourra le faire de bout en bout. Il faut au moins partir à deux, voire à trois et repérer les lieux pour éviter les galères. S'il y a une course qui demande qu'on travaille la proprioception, c'est celle-là ! Le terrain est beaucoup plus technique que celui de l'UTMB® Mont-Blanc, il demande des bases solides.

Marathon des Sables
Un homme, des dunes... le désert

- **Entre 230 et 240 km (le road book est dévoilé à l'arrivée des coureurs sur place)**
- **Période : avril**
- **Départ et arrivée : Ouarzazate (le transport sur le camp est assuré par l'organisation)**
- **Temps maximum : barrières horaires basées sur une moyenne de 3 km/h**
- **Niveau de difficulté : 4/5**
- **Derniers vainqueurs (2023) : Mohamed El Morabity, 19 h 19 min 54 s / Maryline Nakache, 27 h 02 min 17 s**
- **Date de création : 1986**
- **Site : www.marathondessables.com**

Je connaissais cette course depuis toujours ou presque ! L'organisateur est originaire de ma région, donc j'ai entendu parler du MDS avant d'être championne de marathon. Le désert et la notion obscure d'autosuffisance qu'il véhicule me faisaient rêver. Le hasard m'a mise des années plus tard sur la route de Michel Marle qui gérait l'antidopage pour la FFA et qui est venu à un championnat du monde de 100 km auquel je participais. Il montait une équipe pour le MDS et m'a proposé d'en être. Voilà comment je me suis retrouvée en 2007 au départ, et j'ai gagné. La même année, en septembre, je bats le record de France de 100 km.

Je suis tombée amoureuse du désert, mais pas seulement. L'ambiance du bivouac, ce condensé de vie permettant de rencontrer des personnes du monde entier, avec des niveaux sportifs différents. Le MDS est un ensemble, et c'est ce qui rend l'abandon aussi difficile... Je n'encourage pas à arriver « affûté », c'est même l'inverse. Si on veut tenir 250 km, il faut avoir un peu de réserves. Il faut aussi apprendre en amont à gérer son eau, à boire de l'eau tiède qui ne passe pas toujours très bien mais qui est pourtant capitale. Il ne faut pas s'entraîner avec son sac ! Maximum 3 kg à l'entraînement, et encore... En revanche, on le porte chargé à la maison en passant l'aspirateur par exemple pour identifier les zones de frottement. Mais on évite les chocs pour arriver sur le camp sans traumatismes susceptibles de se réveiller sur place et d'entraîner un abandon. Et surtout, on arrive humble... Le désert n'est pas un terrain conquis, il est le seul maître du jeu et il se charge très vite de nous le rappeler.

Laurence Klein, 1re féminine en 2007, 2011 et 2012

Difficile de ne pas parler de légende en évoquant cette course qui a posé les bases de ce type de parcours aujourd'hui déclinés dans les déserts du monde entier. Mais avant d'être une course, c'est avant tout l'histoire d'un homme, Patrick Bauer, qui, à 28 ans, en 1984, décide de parcourir 350 km dans le désert en autonomie, loin des villages et des oasis. 35 kg sur le dos, 12 jours... Il ne le sait pas encore mais le marathon des Sables est né ! Dès qu'il finit, il sait qu'il tient un concept, une idée qui va révolutionner le monde de la course à pied extrême. 1986, ils sont 23 à se lancer. Après des années difficiles, la course prend de plus en plus d'ampleur jusqu'à accueillir plus de 1 000 coureurs venus du monde entier se mesurer à la dureté du désert.

Chaud devant

Le principe est assez simple : 4 étapes d'environ 30 à 40 km, une étape longue entre 80 et 90 km et une dernière de 42,195 km, dite l'étape marathon, pour clôturer la semaine. Depuis 2023, avec la nouvelle direction de course, des changements sont à noter, qui concernent surtout les Français. Ils devront être rapides question inscription pour bénéficier du vol aller-retour inclus puisqu'aujourd'hui, seuls les 400 premiers inscrits seront concernés par cette offre. Autre changement, l'autonomie alimentaire commence dès l'arrivée sur le camp, permettant ainsi aux coureurs de plonger dans le vif du sujet. Comme il n'y a aucune obligation de porter sa nourriture dans son sac, on peut profiter de bons petits plats maison jusqu'au bout. Oubliés les lyophilisés ! La date de départ de la course ayant été décalée de 15 jours – mi-avril et non plus fin mars –, la chaleur risque de devenir plus difficile à gérer. Si les coureurs élites, grâce à leur vitesse de croisière, rentrent au camp avant le pic de 13 heures, les amateurs devront veiller à se préserver au maximum en adoptant les bons réflexes : se mouiller la tête régulièrement, et utiliser une chaussette mouillée pour couvrir la bouteille d'eau donnée à chaque ravitaillement afin de la maintenir un peu au frais.

Plus qu'une course, l'aventure de toute une vie !

En plus de la chaleur les coureurs doivent s'attendre à un terrain qui mêle plat relativement « roulant », passages de dunes ou dunettes épuisants et quelques djebels très impressionnants où la corde est de rigueur pour se hisser. C'est loin d'être une sinécure lorsqu'on porte un sac très lourd sur les épaules. Mais une course en étapes, c'est avant tout une aventure humaine unique en son genre, où l'on se perd pour mieux se trouver, et où de solides amitiés naissent, entre les coureurs qui partagent la tente et un bout de chemin, dans les bons moments comme dans les pires... Nombreux sont ceux qui se font tatouer le logo de la course en rentrant chez eux, preuve s'il en est que ce n'est pas une course ordinaire !

BON à SAVOIR

Beaucoup pensent à tort que le parcours est entièrement dans les dunes, ce qui n'est pas du tout le cas. Il suffit de voir les moyennes horaires des coureurs élites pour s'en convaincre. Il y a aussi de longs plateaux très difficiles à gérer s'ils sont traversés aux heures chaudes. L'autonomie alimentaire est compliquée à appréhender pour les néophytes. Le principe est assez simple : privilégier le poids et le nombre de calories. Beaucoup de gels ne supportent pas la chaleur, il ne faut donc pas se charger inutilement. Pour une récupération optimale, le confort est indispensable, un tapis est donc loin d'être une mauvaise idée. Le duvet doit s'adapter à la chaleur nocturne. Il commence à faire chaud courant avril, et une température de confort de 10° est suffisante. Pour les deux jours qui précèdent la course et où l'autonomie est déjà de rigueur, rien n'empêche de manger de vraies pâtes. C'est valable pendant la course, où 150 g de coquillettes mises sous vide avec un petit bouillon cube passeront plus facilement qu'un aligot par 30°... Pour préparer ses pieds, on commence le protocole de tannage plusieurs semaines à l'avance avec un demi-citron frotté sur les plantes avant l'application d'une crème anti-frottement tous les soirs. Il faut aussi apprendre à marcher vite. Les bâtons sont très utiles et font la différence. 1 km/h de plus en marchant, c'est autant de temps de récupération de plus au camp !

Namib Race
Du sable et des lions...

- 250 km – 2 200 m D+
- Période : avril-mai
- Départ : 50 km au sud de Swakopmund – Arrivée : Swakopmund
- Temps maximum : 4 km/h
- Niveau de difficulté : 4/5
- Derniers vainqueurs (2023) : Reinhold Hugo / Victoria Connely
- Date de création : 2016
- Site : www.racingtheplanet.com

J'ai découvert le désert de Namibie dans le cadre de mon « Grand Slam », 4 courses dans 4 grands déserts du monde et une 5e course en Nouvelle-Zélande pour le fun, en une année. J'ai découvert en Namibie la beauté brute de l'Afrique. Ce genre de course permet surtout de traverser des paysages uniques souvent accessibles uniquement à pied, et de rencontrer des gens du monde entier. On a coutume de dire qu'autour du feu de bois le soir, il n'y a plus de nations, plus de religions ni de classes sociales, il ne reste plus que des hommes et des femmes sales avec de jolies ampoules aux pieds pour éclairer le désert !
Christophe Santini

Le désert du Namib dans le sud-ouest de la Namibie est le plus ancien du monde. Il ne pouvait que donner des idées de défis un peu fous à tous les amoureux du sable et de la dune. Plusieurs organisations s'y retrouvent avec des formats plus ou moins long. Celui de Racing the Planet reprend les codes connus du marathon des Sables, ce qui permet aux coureurs de ne pas être trop perdus.

Une course sous protection

Les conditions climatiques qui y règnent sont les mêmes depuis 80 millions d'années. Le désert du Namib se jette dans l'océan Atlantique, les pluies y sont très rares, les quelques cours d'eau qui le traversent sont quasiment toujours à sec, mais, miracle de la nature, on y trouve une flore rare et une faune plus riche qu'on ne pourrait l'imaginer. Reptiles, rongeurs, oryx gazelles, quelques éléphants du désert mais aussi des hyènes, des lions et des renards qui se sont adaptés à la rigueur de ce désert. C'est pourquoi l'organisation embauche pendant la durée de la course un garde qui a la charge de repérer les troupeaux de lions sauvages ! Les coureurs doivent s'attendre à une nature hostile avec des dunes à perte de vue et une étape montagneuse au 5e jour, celui de l'étape longue… qui sera vraiment longue pour les organismes déjà mis à rude épreuve par le début de la course. Parmi les moments inoubliables, il y a une rencontre avec la tribu des Himbas et leurs femmes aux cheveux rouges de boue séchée qui perpétuent leur vie traditionnelle loin de la technologie. Le périple se termine sur la plage, face à l'océan Atlantique qui fait tout oublier et donne à cette longue traversée du désert une touche unique.

BON à SAVOIR

L'anglais domine dans la communication avant mais aussi pendant la course. L'avion n'est jamais inclus avec Racing the Planet, ce qui permet de gérer des vacances avant, ou plutôt après, la course pour découvrir ce pays qui mérite qu'on lui consacre plus d'une semaine. L'eau chaude est fournie au camp sans restriction et complète l'eau froide qui l'est, mais pas de panique, la quantité est suffisante. Chaque soir un feu de bois au centre du campement offre des moments de convivialité entre coureurs de toutes les nationalités. Le plan des tentes est dressé par l'organisation et envoyé en amont de la course. Si vous souhaitez être avec un ami, il faut le préciser lors de l'inscription. Les couples ne sont pas séparés, sauf s'ils le souhaitent ! Le but de l'organisation est de favoriser les rencontres entre participants. La liste du matériel obligatoire est précise et aucune exception n'est tolérée ! Un exemple ? Le gel hydroalcoolique était demandé bien avant le Covid pour limiter les risques de gastro sur le camp. Le flacon doit faire 60 ml au minimum, et si vous en présentez un de 30 ml pour gagner du poids, vous n'aurez pas votre dossard. Je peux en parler je l'ai vécu, ce qui m'a obligé à foncer à la première pharmacie du village pour trouver une solution.

Ultra-X Jordan
Le Wadi Rum en fond d'écran

- **220 km – 2 522 m D+**
- **Période : octobre 2023**
- **Départ et arrivée : Amman (l'organisation met en place des bus pour emmener les coureurs dans le désert)**
- **Temps maximum : 2 h 45 pour faire 10 km**
- **Niveau de difficulté : 4/5**
- **Derniers vainqueurs (2022) : Salameh Al Aqrah, 23 h 23 min 00 s / Kirsten Althoff, 25 h 56 min 00 s**
- **Date de création : 2019**
- **Site : ultra-x.co**

Certaines courses sont tellement intenses qu'il suffit, même quelques mois après, de fermer les yeux pour replonger dans ses souvenirs. Je ne cours que depuis 2017 mais j'ai pris goût aux longues distances. Après une expérience réussie sur un 250 km au Costa Rica, j'ai craqué pour ce format à part qui reste à taille humaine avec une centaine de coureurs au départ, ce qui permet de créer un lien avec les autres. Et puis la Jordanie… une destination qui fait rêver. J'ai profité d'une promotion pour m'inscrire à cette course et à celle du Sri Lanka. Les paysages, la beauté du désert, la sérénité qu'il inspire sont au-delà des mots, il faut y aller, c'est presque mystique comme sensation. Question organisation, le confort unique que ce format propose change la donne. On est sûr de ne jamais avoir faim et on peut repartir chaque jour avec une tenue propre. Un vrai luxe dans le désert ! Mais l'absence de jour off n'est pas anodine… Il faut en avoir conscience avant de se lancer dans l'aventure. Croyez-moi sur parole, vous ne le regretterez pas !
Mehdi Chamkha

Dans la série des courses qui vous entraînent dans les plus beaux endroits du monde l'Ultra-X Jordan met la barre très haut avec cinq étapes dans l'un des plus beaux déserts du monde pour 220 km. Le format idéal pour découvrir la course en autonomie alimentaire version confortable. Certes, il faut jouer avec la chaleur du mois d'octobre mais comme le coureur n'a pas de sac lourd à porter (il reste au camp, on part juste avec ce dont on a besoin pour la journée) ni d'eau rationnée, la difficulté du parcours est plus facile à encaisser. Le Wadi Rum est une vallée désertique avec des canyons, des arches naturelles, des falaises et des grottes où il n'est pas rare de trouver des traces d'une occupation humaine remontant à des milliers d'années. Il sert régulièrement de décor pour des films comme *Lawrence d'Arabie*, *Les Aventuriers de l'Arche perdue* ou le *Dune* de Denis Villeneuve. Le monde entier connaît Petra mais pour cette course, cela reste un simple lieu de visite touristique sur le chemin de retour vers Amman.

Un parcours digne d'un décor de cinéma qui fait oublier la difficulté !

Il faut s'attendre à du sable… Beaucoup de sable… mais pas de dunes immenses comme au marathon des Sables. Cela ne veut pas dire que c'est plus facile, les chemins étant très sablonneux, les appuis sont instables et très fatigants. Même si certains passages au milieu des canyons rocheux sont les bienvenus, l'ombre est quasiment absente. Mais l'absence de rationnement en eau fait toute la différence puisqu'on laisse les coureurs noyer leur casquette dans une bassine à chaque ravitaillement et remplir autant de fois que nécessaire leurs flasques. Quand on connaît les risques de déshydratation inhérents à ce type de course, c'est loin d'être un détail.

BON à SAVOIR

L'organisation est britannique, jeune et dynamique ! Elle a une volonté clairement affichée d'arriver à la parité et s'en donne les moyens. Le vol n'est pas inclus, ni la nuit à l'arrivée mais par expérience, il est conseillé d'opter pour l'hôtel de l'organisation pour rester dans sa chambre jusqu'au dernier moment et bénéficier d'une dernière douche avant de partir dans le désert. En s'inscrivant dès le premier jour, vous bénéficierez d'un tarif intéressant. Le staff médical est assez incroyable. C'est la première fois que je voyais un kiné ou un ostéo à chaque ravitaillement...

ULTRA 170
1
La Région

Alexandre Boucheix
alias **Casquette verte**

L'ultra-poulbot !

Records

- 18e UTMB® Mont-Blanc 2022, 3 victoires ultra 01 (2021, 2022 et 2023)
- 3 victoires LyonSaintéLyon (2019, 2021 et 2022).

Je suis un véritable enfant du marketing, un influenceur qui adore être influencé. L'exemple le plus parlant pour moi reste le Kullamannen by UTMB© en Suède, où je me suis inscrit en deux secondes après avoir vu une vidéo sur laquelle un cavalier casqué et en armure donne le départ au grand galop. Je n'avais aucune idée du parcours mais il y avait des passages très jolis… quand on n'était pas de nuit ! Si j'avais une obsession du parcours, je ne referais pas forcément les mêmes courses ou presque tous les ans. Mais quand on court avec une idée de performance, si on lève les yeux trop longtemps, on tombe ! Sur l'UTMB® Mont-Blanc 2022, j'ai le souvenir de m'être dit : « Permets-toi de lever les yeux pour repérer le terrain à plus de 10 mètres et lève le nez. » Je ne prends pas de photo mais j'essaie de mémoriser ces instants précieux, un passage au grand col Ferret, un lever du soleil, je cligne des yeux et hop, dans ma boîte à souvenirs. Avant d'arriver à Arnuva, sur le grand balcon qui ne semble jamais finir, à chaque fois je reçois une claque devant tant de beauté. Sur la Diagonale des Fous, il est impossible de se lasser de la grandeur de Mafate, quelle que soit la météo. J'ai aussi un souvenir précis de la Croix de Belledonne sur le parcours de l'UT4M, où, les deux premières années, j'ai eu grand soleil avec une vue sublime mais où, pour la troisième édition, le brouillard rendait l'endroit fantasmagorique. Cela participe au fait que je ne me lasse jamais. Pour prendre le temps de la contemplation j'organise des off avec mon copain. Sans la pression du chrono, je peux me permettre quelques minutes pour des photos souvenir, que ce soit des paysages ou de la faune qui surprend parfois le coureur s'il y prend un peu garde.

Le plus drôle, c'est quand on découvre de jour une course qu'on a toujours courue de nuit, comme la Lyon-Sainte-Lyon. J'ai découvert que de jour, les lieux étaient beaucoup plus beaux que j'aurais pu l'imaginer. À l'inverse, j'ai fait le parcours de l'écotrail dans le sens Paris-Saint-Quentin en off de nuit pour la première fois en 2023 et j'ai découvert un paysage, et surtout un relief, que je n'imaginais pas. Le fait d'apercevoir au loin les petites villes éclairées que j'allais traverser m'a fait comprendre la logique du parcours. Idéalement il faudrait que tous les ans les organisations changent les horaires de départ pour qu'on puisse découvrir le parcours sous d'autres aspects, d'autres lumières… Je sais que c'est impossible mais il serait incroyable d'inverser le départ de l'UTMB® et de vivre la première partie de jour et l'arrivée au petit matin, à Chamonix avec le soleil qui se lève sur le Mont-Blanc. On l'a vécu avec le Covid et les nombreux reports de courses. Par exemple, la Maxi Race normalement organisée en mai s'est retrouvée en octobre. La montagne était totalement différente. Le top 3 de mes plus belles courses ? Pas facile mais je me lance ! Diagonale, Restonica et Cap Town ! Forcément, j'ai du mal à départager l'UTMB® et l'UT4M pour la 4e place.

Marathon de Sydney
Sur un air d'opéra !

- **42,195 km – 365 m D+**
- **Période : septembre**
- **Départ : Bradfield Park – Arrivée : Opéra de Sydney**
- **Temps maximum : 7 h**
- **Niveau de difficulté : 3/5**
- **Date de création : 2001**
- **Derniers vainqueurs (2022) : Moses Kibet, 2 h 07 min 03 s / Tigist Girma Getachew, 2 h 25 min 10 s**
- **Records : Stella Barsosio, 2 h 24 min 33 s en 2019 / Moses Kibet, 2 h 07 min 03 s en 2022**
- **Site : sydneymarathon.com**

C'est là que je suis allé chercher mon 7e marathon pour valider mon entrée dans le Seven Continents Club, le club très fermé de ceux qui ont couru un marathon officiel sur les sept continents (Amérique du Sud et Antarctique inclus). C'est dire si l'émotion était grande pour moi ! Même si c'est un grand souvenir, ça n'en reste pas moins un marathon difficile. Il suffit de regarder le parcours alambiqué pour comprendre qu'il y a plus roulant. Mais il permet de découvrir la ville de la plus belle des manières avec une arrivée au pied du célèbre opéra qui fait forcément son petit effet !
Didier Cazala

Forcément, la destination fait rêver… On a tous en tête les fameuses images du feu d'artifice géant tiré sur la ville à l'occasion du Nouvel An mais aussi cet opéra en forme de coquillage pour certains, d'éventail pour d'autres… Peu de Français le savent mais le départ du marathon offre un passage sur le fameux Harbour Bridge qui n'est pas sans rappeler le départ du marathon de New York. Il offre par ailleurs une vue imprenable sur la ville avant de partir à sa découverte en commençant par Darling Harbour, le quartier du port. Un petit tour dans le quartier chinois, avant de repasser sous le pont pour filer vers Hyde Park et sa cathédrale dédiée à Sainte-Marie, et les coureurs sont déjà à mi-parcours. Il est alors temps de traverser le Centennial Park en courant pour découvrir son terrain de cricket et son stade célèbre.

Une vraie visite touristique avec tous les lieux emblématiques de la ville

Le fameux Royal Botanic Garden, la plus ancienne institution scientifique en Australie, qui servit de base d'accueil à toutes les plantes venues d'outre-mer *via* la colonisation britannique, est déjà là. Il se visite plus qu'on y court, c'est donc une chance offerte aux coureurs de profiter de ses allées. Déjà s'annonce l'arrivée devant le fameux opéra. Après la photo souvenir, médaille autour du cou forcément, il est temps de savourer l'instant devant une Victoria Bitter, la bière locale la plus populaire, et un bon burger. Attention à bien lire la composition de celui que vous allez commander, il arrive aux Australiens de mettre de l'ananas dedans... Forcément pour les palais européens, l'association peut surprendre !

BON à SAVOIR

Le départ est donné à 7 heures du matin, ce qui est raisonnable mais nécessite d'arriver quelques jours avant la course pour encaisser le jet-lag, mais aussi pour se repérer. Attention le coût de la vie en Australie est plus élevé qu'en France. En revanche, le dossard coûte une centaine d'euros, ce qui est relativement raisonnable. Il donne accès gratuitement à tous les transports en commun le jour de la course. Le temps limite de course est de 7 heures, ce qui en fait un marathon vraiment accessible au plus grand nombre. Comme toujours dans les pays anglo-saxons, les ravitaillements sont « liquides », même si le partenaire en place en 2023 offrait des gels et autres gommes. Comme souvent dans les pays anglo-saxons, on trouve de l'eau tous les miles, ce qui rend la course confortable. Il devrait rejoindre la liste des Majors pour 2025.

Marathon de Moorea
Courir au paradis...

- **42,195 km**
- **Période : février**
- **Départ et arrivée : Village Temae**
- **Temps maximum : 6 h**
- **Niveau de difficulté : 4/5**
- **Date de création : 1988**
- **Derniers vainqueurs (2023) : Damien Troquenet – 2 h 36 min 31 s / Pauline Said Ahamed – 3 h 46 min 19 s**
- **Site : www.mooreamarathon.com**

Ce que j'aime dans le marathon de Moorea, que j'ai fait vingt-quatre fois (comme je vis à Tahiti, je suis le local de l'étape !), c'est l'exotisme et l'ambiance que seuls les Tahitiens savent mettre. C'est aussi un beau parcours qui longe le lagon et suit les célèbres baies de Cook et Opunohu avec une arrivée somptueuse sur la plage de Temae. Il n'est pas facile en raison du climat humide et chaud, mais pour moi qui ai couru partout dans le monde, c'est l'un des plus au monde et cet avis est objectif, vous pouvez me faire confiance !
Patrick Candé

À tort, on parle souvent de marathon de Tahiti alors que celui-ci a lieu sur l'île voisine, celle en forme de cœur qui accueille chaque année plusieurs formats dont un 42 km qui faisait rêver à juste raison bon nombre de coureurs du monde entier.

C'est bien simple, tout y est ! Le marathon de Moorea n'est pas seulement une course, c'est une vraie fête des sens tout au long de la journée, qui commence dès 4 h 30 du matin pour éviter les grosses chaleurs et permettre aux coureurs de vivre le lever de soleil sur le lagon. Bon nombre de coureurs locaux sont arrivés la veille puisque c'est en bateau qu'il faut rejoindre la ligne de départ.

Un jus d'ananas frais, un collier de fleurs à l'arrivée... et le lagon pour la récupération !

On peut presque parler de marathon plat puisque le parcours reste sur la côte de l'île, heureusement pour les coureurs qui ont déjà bien assez de l'humidité. On longe les plages, les hôtels luxueux qui font face à des maisons locales simples dans les jardins desquelles courent quelques poules. La nature luxuriante est partout, même sur les ravitaillements où les bénévoles arborent leur plus beau paréo et des fleurs dans les cheveux, à tel point qu'on se demande si ce n'est pas leur uniforme ! Ici, chaleur et humidité rendent obligatoire l'éponge. Elle permet aux coureurs venus de loin de tenir le choc parce

que même au petit matin, il fait chaud. Jus de fruits locaux, fruits fraîchement coupés sur le parcours mais aussi à l'arrivée, on oublie les produits chimiques pour courir avec ce que la nature nous offre.

L'arrivée est incroyable. Elle se fait sur la plage, et des colliers de fleurs sont distribués avec les médailles. Les coureurs arrivés, déjà en maillot de bain, jouent les spectateurs et encouragent depuis le lagon les moins rapides, un cocktail à main. La circulation n'est pas coupée durant toute la course mais elle est très limitée et ne représente pas de réel danger. Moorea est un marathon à part qui a gardé une âme unique où l'esprit d'accueil des Tahitiens prend tout son sens.

BON à SAVOIR

À côté des hôtels de luxe qui ont fait la réputation de la destination, on trouve beaucoup de petites pensions de famille traditionnelles, nettement moins onéreuses et au plus près de la nature de cette île qui ne souffre pas encore trop du tourisme de masse. La chaleur est loin d'être une légende urbaine parce qu'elle est doublée d'un taux d'humidité qui change tout ! S'il y a une course où la prise d'électrolytes, sous n'importe quelle forme, est conseillée, c'est celle-là. Elle évitera ou limitera les crampes. L'année où j'y ai participé, son départ a été avancé de 30 minutes pour gagner un peu de fraîcheur. On pense à s'équiper d'un écran total qui résiste à la transpiration pour éviter les coups de soleil.

Tarawera Ultramarathon by UTMB®
Plongée dans l'histoire maorie

- 102,3 km – 3 089 m D+
- Période : février
- Départ : Firmin Field, Kawerau – Arrivée : Village Green, Lakefront Drive, Rotorua
- Temps maximum : 30 h
- Niveau de difficulté : 4/5
- Date de création : 2009
- Derniers vainqueurs (2023) : Zach Miller – 14 h 41 min 41 s / Lucy Bartholomew – 17 h 13 min 27 s
- Site : www.taraweraultra.co.nz

Tarawera Ultra-Trail est une très belle course qui vous emmène à travers les plus beaux bois de séquoias sur terre. Des sentiers y traversent des forêts de fougères géantes, sans oublier les lacs par dizaines. C'est une course où l'on ressent l'esprit maori, l'esprit de cette nature autour de laquelle ils ont construit leur peuple et leur culture. Vivez pleinement la course pour la ressentir au plus profond de votre être. Il faut lever les yeux de son chrono pour admirer ces paysages uniques au monde et profiter de l'ambiance si particulière, que ce soit au sein de l'organisation ou des spectateurs qui font le déplacement.
Lucy Bartholomew, 1re féminine édition 2023 en 17 h 13 min 27 s

Créé par Paul Charteris en 2009, le Tarawera Ultramarathon by UTMB® faisait initialement partie de l'Ultra-Trail World Tour qui n'existe plus aujourd'hui. Il ne faisait que 85 km de long. Au fur et à mesure, le parcours s'est allongé pour aboutir à 102 km. Il permet au traileur de traverser les paysages les plus époustouflants dans la région volcanique de Rotorua.

Situé dans l'île nord de la Nouvelle-Zélande, le Tarawera Ultramarathon by UTMB®, du nom du volcan endormi qui sommeille ici, est une vraie plongée dans la culture maorie. La ville de Rotorua est connue dans le monde entier pour son activité géothermique, ses piscines de boue bouillonnante et son spectaculaire geyser Pohutu de 30 m de haut, qui connaît des éruptions plusieurs fois par jour. On comprend mieux pourquoi les Maoris en ont fait un lieu quasi sacré. Seul inconvénient, il faut faire avec la nature justement... Odeur de soufre, mais aussi météo capricieuse. La veste de pluie n'est pas une option.

En Nouvelle-Zélande, il n'y a pas que le rugby, il y a le trail aussi !

Le parcours est une véritable découverte de la flore locale avec un mélange équilibré entre singles de tailles raisonnables pour permettre de doubler, chemins forestiers et bitume, même s'il ne représente que 2 % de la distance globale. Il part simplement du lac de Rotorua pour contourner le lac Tarawera avant de terminer par une vue plongeante sur le lac Okataina. Le truc en plus de cette course ? Une traversée en bateau de presque 2 km du lac de Rerewhakaaitu au 55e kilomètre ! Avec ses cascades, ses séquoias géants et un passage par le site archéologique de Buried Village (sorte de village troglodyte enseveli par une coulée de lave au XIXe siècle), ce parcours est une vraie visite touristique, chaussures de trail aux pieds !

BON à SAVOIR

Les ravitaillements sont « à l'américaine » : bonbons, pastèques, sandwichs de beurre de cacahuète et chips... Le partenaire nutrition fournit aussi des gels et des boissons isotoniques. Attendez-vous à trouver des boissons à base de gingembre, les Anglo-Saxons les préfèrent à notre Coca. Avec des ravitaillements tous les 10 km ou presque, on peut partir léger si on accepte de faire avec ce qui se trouve sur les tables. L'assistance est possible mais pas sur tous les ravitaillements. Il faut donc se renseigner en amont pour éviter une disqualification. Le système de navettes ne concerne pas tous les ravitaillements. Prenez le temps de vous renseigner pour vous organiser. Les barrières horaires sont à la sortie du ravitaillement, et non à l'entrée. Les pacers sont autorisés sur la longue distance, mais il faut s'organiser puisque les inscriptions ne se font pas sur place et qu'on ne peut pas interchanger les noms au dernier moment. Attention, ce sont des pacers au sens strict du terme, ils se contentent de donner un rythme, et ne peuvent ravitailler sous peine de disqualification. Pour rejoindre le départ de cette course, il y a un vol Aukland-Rotorua mais la ville se situe à moins de 3 heures de voiture de la capitale. L'occasion idéale pour louer une voiture et visiter cette superbe région.

Ultra-Trail Australia by UTMB®
Au pays des montagnes bleues !

- **100,4 km – 4 460 m +**
- **Période : mai**
- **Départ et arrivée : Katoomba**
- **Temps maximum : 28 h**
- **Niveau de difficulté : 4/5**
- **Date de création : 2008**
- **Derniers vainqueurs : 2023, George Murray, 9 h 32 min 59 s / Emily Gilmour-Walsh, 11 h 33 min 28 s**
- **Site : ultratrailaustralia.com.au**

Vivant en Australie, je ne pouvais qu'aller un jour découvrir les montagnes bleues, chaussures de trail aux pieds ! Je pensais que j'allais retrouver les critères européens du fait de l'association avec l'UTMB® mais ce trail reste australien avec des particularités locales à prendre en compte, à commencer par la météo… Ma première participation fut d'ailleurs décevante parce qu'écourtée par les pluies. Mais la deuxième fut la bonne ! Un conseil : pensez à travailler votre renfo avant de venir… Plus de 10 000 marches sur le parcours, c'est un vrai défi en soi.
Dorian Cadart

Avec la naissance du circuit mondial de qualification pour l'UTMB® Mont-Blanc, l'organisation s'est rapprochée de nombreuses courses dans le monde. Pour l'Australie, le choix s'est dirigé vers l'Ultra-Trail Australia by UTMB® qui existe depuis 2008 et permet aux traileurs de découvrir les montagnes bleues, pays de cocagne avec des chutes d'eau qui plongent dans des vallées couvertes de forêt tropicale et des vues à couper le souffle sur une nature brumeuse et énigmatique.
Les Blue Mountains doivent leur couleur bleue à l'évaporation de l'huile des eucalyptus et au reflet du soleil. Il y a aussi les Trois Sœurs (Three Sisters), une formation rocheuse visible plusieurs fois sur le parcours, sans oublier les Wentworth Falls, la plus belle cascade de la région.

Un ultra « ultra-nature » dans un des plus beaux sites protégés d'Australie

Classé au patrimoine mondial de l'Unesco, ce site mérite qu'on prenne quelques jours de vacances pour explorer les grottes calcaires et découvrir les peintures aborigènes qui en tapissent les parois. Même si le dénivelé positif de 4 000 m semble un peu léger pour la distance, les 951 marches du Furber Stairs dans le dernier kilomètre ne sont pas une promenade de santé, alors autant arriver bien entraîné !

BON à SAVOIR

On peut se rendre au départ en voiture (seulement 1 heure 30 de Sydney) ou en train. L'entrée est chère, comme presque toujours dans les pays anglo-saxons. Il faut prendre en compte le logement, lui aussi très onéreux dans cette zone très touristique. Il faut aussi avoir bien en tête que la météo a le dernier mot. En 2019, l'édition fut très froide avec de la pluie et du vent ; en 2012, après des menaces de report, la course a eu lieu, mais dans un format plus court. Pour les finishers du 100 km, les stands (bar, nourriture...) sont fermés tôt, vers 19 ou 20 heures, et mis à part quelques nachos, soupes, gâteaux et bonbons, on trouve très peu de nourriture à l'arrivée. Dans le pays, les restaurants ferment à 22 heures. Si vous avez prévu d'arriver tard, pensez à anticiper et à faire vos courses... avant la course !

North Pole Marathon
L'extrême…

- 42,195 km
- Période : octobre
- Départ et arrivée : Pôle Nord
- Temps maximum : jusqu'au dernier finisher, en 2018 le dernier coureur a fini en 13 h 38
- Niveau de difficulté : 5/5
- Date de création : 2002
- Derniers vainqueurs (2023) : Patrick Charlebois, 3 h 48 min 41 s / Melissa Kullander, 5 h 24 min 39 s
- Records : Thomas Maguire, 3 h 36 min 10 s en 2007 / Anne-Marie Flammersfeld, 4 h 52 min 45 s en 2014
- Site : www.npmarathon.com

La spécificité du marathon du pôle Nord, c'est qu'il se court entièrement sur l'eau de l'océan Arctique. Lors de la session de 2016, la mienne, la course a été très difficile compte tenu de l'état de la glace. Nous avons été bloqués sur Svalbard pendant quatre ou cinq jours, dans l'attente d'une fenêtre météo. Cela en valait la peine. Au pôle Nord, tu quittes la planète Terre avec un sentiment de fin du monde qui te prend aux tripes. J'avais déjà ressenti cela dans l'Everest. En cas de dépaysement total, on ne ressent plus les conditions climatiques extrêmes. En 2016, on ne faisait que deux tours. Aujourd'hui, c'est quatre. On court, on ravitaille dans une tente où un soldat russe avec une kalachnikov monte la garde pour éloigner les ours (il offre de la vodka aux coureurs, et croyez-moi, avec ce froid, ça fait du bien !) et on remonte dans l'avion pour rentrer à Svalbard. Il faut être totalement givré pour aller là-bas, au propre comme au figuré.
Michel Ribet, à ce jour le doyen de l'épreuve

L'histoire du marathon du pôle Nord c'est avant tout celle d'un homme, Richard Donovan, irlandais et coureur de courses extrêmes. Cette course, il l'a d'abord et avant tout organisée pour lui-même avant de se dire qu'il en ferait profiter des passionnés prêts à débourser 20 000 euros pour courir sur la banquise.

Il propose également l'Antarctic Ice Marathon, l'autre marathon de l'Antarctique sur le même principe : vol qui dépose les coureurs sur la zone choisie, on court un marathon et on remonte dans l'avion. C'est à cause de cette particularité que le prix du dossard change régulièrement puisqu'il est directement impacté par le cours du carburant, l'avion étant affrété pour les coureurs. Pour la petite histoire, Donovan fut aussi le premier, en 2009, à accomplir l'incroyable exploit de courir sept marathons sur sept continents en sept jours en jouant sur les fuseaux horaires. Là encore, il décline aujourd'hui cette offre pour les coureurs amateurs (comptez 42 000 euros pour ce défi).

BON à SAVOIR

C'est la météo qui décide si l'avion décolle… Parfois, les coureurs ont dû attendre plus d'une semaine avant de décoller. Il faut en tenir compte dans son organisation. Pour l'équipement, empilez les couches tout en restant confortable pour garder une liberté de mouvement. Les tenues de ski de fond sont une bonne idée, et chaufferettes, chaussures Gore-Tex et guêtres de montagne sont intéressantes. Ce marathon n'est pas à confondre avec le Polar Circle Marathon, organisé sur le cercle polaire. Situé plus bas, il est par la force des choses beaucoup moins froid, d'autant qu'il subit les conséquences visibles du réchauffement climatique : de moins en moins de neige, plus de glace, et des crampons désormais nécessaires.

Le paradis blanc à l'infini…

Le marathon du pôle Nord est le marathon le plus froid de la planète puisque les coureurs y subissent des températures pouvant descendre jusqu'à – 30 °C. Avec le vent, il n'est pas rare de voir des participants avec les cheveux et les cils blanchis par la glace. Leur nombre est très limité, puisqu'ils sont une petite cinquantaine chaque année à pouvoir s'aligner sur ce marathon organisé sous forme de boucles sur la banquise pour faciliter les ravitaillements. Si les ours blancs peuvent être agressifs (mais le garde russe veille au grain !), aucun autre animal ne jouera les troubles fêtes, la course étant trop éloignée des côtes où ils se ravitaillent.

The Last Desert
L'Antarctique en majesté

- **250 km**
- **Période : novembre-décembre**
- **Départ et arrivée : Ushuaïa**
- **Temps maximum : pas de barrière horaire à proprement parler mais un classement au kilomètre parcouru**
- **Niveau de difficulté : 4/5**
- **Derniers vainqueurs (2022) : Matthew Cavanaugh, 236,7 km / Szilvia Lubics, 197,3 km**
- **Date de création : 2006**
- **Site : www.racingtheplanet.com**

J'ai eu la chance de faire le marathon de l'Antarctique et dès que j'ai aperçu les côtes de ce continent blanc, j'en suis tombée amoureuse alors que je déteste le froid et la neige ! Je n'avais qu'une idée en tête : revenir pour courir de nouveau avec les manchots. The Last Desert a conclu pour moi une année de folie où j'ai parcouru les déserts du monde entier. Pour moi, The Last Desert n'est pas une simple course, c'est l'aventure de toute une vie !
Cécile Bertin

The Last Desert est la seule course en six étapes organisée sur le continent Antarctique. Cela la rend unique, d'autant plus qu'ils ne sont qu'un petit nombre de privilégiés tous les deux ans à pouvoir espérer participer.

Aucune autonomie alimentaire et aucun camping improvisé ne sont autorisés : tous les soirs, les coureurs remontent sur le bateau pour rejoindre pendant la nuit un nouveau point de mouillage. La météo très changeante du continent donne le la, tout comme le capitaine du bateau qui peut décider ou non de mettre les Zodiac à l'eau. Il arrive donc que certaines étapes « sautent », ou soient tout simplement « écourtées ». Bref, c'est l'Antarctique qui dicte les règles et il faut l'accepter sous peine de revenir déçu. Le nombre très réduit de participants autorisés donne lieu à une sélection spéciale : en dehors du prix qui en dissuadera plus d'un, il faut avoir bouclé deux des autres courses du même format organisées par Racing the Planet dans d'autres déserts de la planète pour avoir le droit de s'inscrire.

L'immensité de l'Antarctique comme décor… unique !

Le périple commence bien avant le premier jour de la course puisqu'il faut rejoindre Ushuaïa puis prendre le bateau pour passer le cap Horn avant d'arriver en vue des côtes de l'Antarctique. 48 heures de traversée souvent agitée attendent le participant avant même de commencer à courir. Les règles pour courir au paradis blanc sont drastiques : désinfection des chaussures avant et après la course, interdiction de laisser le moindre déchet sur place, il est même formellement interdit pour les hommes d'uriner dans la nature pour ne pas perturber la faune locale. L'organisation prévoit donc des toilettes dans une petite tente, ce qui donne lieu à des moments rigolos. Autre particularité, le classement se fait au nombre de kilomètres parcourus pour que tout le monde soit finisher, quoi qu'il arrive.

Le parcours est déterminé au dernier moment en fonction de la météo et des autorisations accordées par les autorités locales. King George Island, qui abrite de nombreuses bases de recherche, est le seul lieu où on peut s'attendre à un fan-club humain grâce aux scientifiques qui vivent là. Pour les autres îles comme Deception Island ou Paradise Bay les bien nommées, la qualité de la glace déterminera si le bateau y fait étape. Ce sera l'occasion de sympathiser avec les manchots Adélie qui nichent là et qui adorent courir quelques foulées avant de plonger dans l'océan glacé pour nourrir leur nichée.

BON à SAVOIR

Si l'on enchaîne un vol transatlantique et un vol local pour rallier Ushuaïa, il faut changer d'aéroport (de l'international au local) et le trajet à travers Buenos Aires est loin d'être rapide. Mieux vaut prévoir large, voire dormir sur place. La liste du matériel obligatoire est très longue et loin d'être simple à trouver. Le moins onéreux est d'aller faire son shopping dans les rayons du ski de fond. Côté ravitaillement, ça se complique : ici l'eau finit assez vite en granité et les gels... gèlent ! Le plus simple est de prévoir une veste trop grande pour la mettre sur son sac à dos et limiter l'effet du froid. Ce trail est en pension complète sur un vrai bateau de croisière, et le régime alimentaire y est tout sauf adapté au sportif ! Mais comme personne n'est éliminé, cela fait retomber la pression. Chacun se prête au jeu et profite de ce moment hors du temps. Même s'il y a parfois un peu de wifi à bord, il faut partir du principe qu'on est déconnecté, dans tous les sens du terme, le temps de la croisière.

adidas
Humana
261
Humana
Rock 'n' Roll
CHICAGO
5K PRESENTED BY BROOKS
261
1

Kathrine Switzer

Celle qui a tout changé !

Records

- 1re féminine 3 h 07 min 29 s, TCS New York City Marathon, 1974.
- 2e féminine 2 h 51 min 37 s, marathon de Boston, 1975.

Choisir une course n'est pas toujours simple. Parfois, je les choisis pour la beauté du parcours, pour l'opportunité de découvrir un territoire qu'il me serait impossible de découvrir autrement. Un exemple ? La Motatapu Race qui se court dans les montagnes de l'île du sud de la Nouvelle-Zélande, dangereuses et fascinantes de beauté. Je l'ai faite deux fois et ce fut une aventure épique ! Cette terre est considérée comme sacrée, elle n'est donc ouverte au public que de façon exceptionnelle pour la course. Je vis maintenant six mois par an en Nouvelle-Zélande, ceci explique cela ! Le pays regorge de courses plus belles les unes que les autres. Bien entendu, je dois aussi faire avec les invitations. Mon histoire particulière est connue du monde entier grâce à une photo, celle prise en 1967 sur le marathon de Boston où l'organisateur tente de m'empêcher de continuer ma course, et je suis conviée à de nombreuses courses dans des endroits « classiques » mais je peux aussi très bien me retrouver au départ d'une course féminine au Mexique. Je voyage souvent pour donner des conférences ou participer à des shows télévisés, je peux donc courir à Chicago, New York ou Los Angeles mais j'essaie aussi d'accepter des invitations dans des villes que je ne connais pas pour pouvoir les visiter baskets aux pieds. J'ai couru grâce à Adidas, mon sponsor, à Berlin ou São Paulo mais certaines destinations ont une vraie signification pour moi, comme Athènes qui reste le lieu du premier marathon, celui où tout a commencé. Être là-bas en 2010 pour le 2 500e anniversaire de la course de Philippidès reste un moment très fort de ma vie de marathonienne.

L'avantage quand on vieillit (j'ai 76 ans maintenant), c'est qu'on va moins vite et qu'on a plus le temps d'admirer les paysages ! Plus sérieusement, sur les courtes distances, comme un 5 km, je focalise encore plus sur mon chrono et mes pieds, mais dès que j'allonge la distance, je prends le temps de lever les yeux pour admirer ce qui m'entoure. Vous ne pouvez pas courir dans le centre de Paris le nez sur votre montre, quand même ! Parmi les souvenirs les plus forts qui me reviennent spontanément, les falaises abruptes du Motatapu restent vraiment à part, j'en ai fait des cauchemars, mais quelle beauté ! Il y a aussi le Kepler Challenge qui se court sur le chemin de randonnée du même nom que l'on peut faire en étapes sur trois ou quatre jours. Si vous n'aviez qu'un voyage à faire dans votre vie, venez en Nouvelle-Zélande, vraiment. Je n'ai pas choisi d'y vivre six mois par an pour rien. Pourtant, on peut dire que j'ai couru le monde. Autre souvenir incroyable et plus proche de l'Europe, même si le parcours n'est pas des plus beaux, l'arrivée du marathon d'Athènes dans l'ancien stade olympique où l'on se sent entouré par l'histoire du lieu, par sa beauté. De l'autre côté de l'Atlantique pour vous, une course peu connue en Europe, Rock the Ridge, dans l'État de New York, permet de découvrir la réserve de Mohonk. C'est un 50 miles superbe. Je ne l'ai pas couru, je connais le parcours en off seulement. Pourquoi ? Gardez-le pour vous, mais je déteste courir la nuit !

Avertissement

Le record de la course n'est pas précisé quand le parcours a pu être modifié par l'organisation au fil du temps, un record sur l'ancien parcours ne valant plus sur le nouveau. Exemple : la distance du Grand Raid de La Réunion était de 112 km en 1989, date de sa création. À l'heure où nous imprimons il fait 165 km.

L'autrice et l'éditeur remercient vivement les coureurs pour leur témoignage, ainsi que les organisations des courses et les photographes pour leur aide précieuse.

Crédits photographiques

7 Marathon de Paris - © A.S.O. / Morgan BOVE **9** Marathon Annecy - © Bastien Morel **11** Marathon de Londres - © Vincent Lyky **12-13** Marathon de Berlin © SCC EVENTS **15** Marathon de Florence - ©Firenze Marathon **16** Benjamin Faure **19** Marathon du Mont-Blanc - © Gaetan Haugeard **20-21** Marathon du Mont-Blanc - © Morgan Bodet **23** Belle-Île en trail - © Yves Marie Quemener **25** Trail Hivernal du Sancy Mont-Dore - © Cyril Crespeau **27** VVX - ©Pverticale - C.Hudry **28-29** L'EDF Pierra Menta version été - © Célia Sorrel **30-31** L'EDF Pierra Menta version été - © Paul Viard Gaudin **32** Anne alias @annedubndidu (droits réservés) **34-35** L'Échappée Belle - © Jean Luc Augier **37** Trail des Passerelles de Monteynard © Lionel Montico **39** High Trail Vanoise® - © Cyrille Quintard **40** à **43** Trail des Aiguilles-Rouges - © Photossport **44** Laura @Foutrak (droits réservés) **47** L'Hivernale des Templiers - © Greg Alric **49** à **51** UTMB® Mont-Blanc - © UTMB® Franck Oddoux **52-53** © Restonica Trail by UTMB® **55** Grand trail des Lacs et des Châteaux - © Geoffrey Meuli **57** Wildstrubel by UTMB® - © UTMB® Hervé Deprez **59** Sierre-Zinal - © Patrick Zufferey **60** © Cédric Manoukian - Mountains Legacy - pour On **63** SwissPeaks Trail -© Matthias Lehmann **65** Trail Verbier Saint-Bernard by UTMB® - © UTMB® Franck Oddoux **66-67** Trail Verbier Saint-Bernard by UTMB® - © UTMB® Paul Brechu **68-69** La Sportiva Lavaredo Ultra Trail by UTMB® **71** Tor des Géants - © Roberto Roux (haut et bas) et Riccardo Cabella_Zzam Agency (milieu) **73** Maverick Race Jurassic Coast - © Jake Baggaley **75** © UTMB World Series - Transvulcania by UTMB® **76-77** © UTMB World Series - Val d'Aran by UTMB® **79** à **81** Osto Menorca Cami de Cavalls - © Jose Miguel Munoze **82** © Alexis Berg **85** à **87** Marathon de New York - © Vincent Lyky **89** Marathon de Boston - Courtesy B.A.A © **2018** FayFoto Boston **91** Marathon de Washington - Courtesy M.C.M **93** Big sur - Courtesy Big Sur Organisation © Chris Cleary **95** © Cécile Bertin **96** © Vincent Lyky **99** à **101** Grand to Grand Ultra - Courtesy G2G **103** Transrockies – Courtesy Transrockies © Tony Campono **105** © Western States Endurance Run **106-109** Atacama Crossing - © Racing The Planet **110-111** © Ultra Fiord® **113** Ultra-Bolivia - © Canal Aventure - © Shams **115** Guadarun - © Alexander Beer **117** Transmartinique - © Shutterstock.com **118** © Alexis Berg **121** Marathon de Tokyo - © TokyoMarathonFoundation **123** © Doi Inthanon by UTMB® **124-125** TransLantau **140** by UTMB® - © Alexis Berg **127** Hong Kong **100** Ultra Marathon - © Sportograf **128** Ultra Trail d'Angkor - © Laurence Tange **129** Ultra Trail d'Angkor - © Régis Binard - SDPO **131** à **133** Cappadocia Ultra-Trail - © Goshots and Salomon Cappadocia Ultra Trail **134** © Alexis Berg **137** Two Oceans Marathon - © Two Oceans Marathon **138** Comrades Marathon - © Comrades Marathon Association / Paul Henman Photography **140-141** Comrades Marathon - © Comrades Marathon Association **143** Ultra-Trail Cape Town® - © Zac Zinn **145** à **147** Le Grand Raid de la Réunion - © Franck Oddoux **149** Marathon des Sables - Cimbaly © V Campagnie / MDS2018 **150-151** Marathon des Sables - Cimbaly © Josue Fernandez **152-153** Namib Race - © Racing The Planet **155** Ultra-X Jordan - © Benedict Tufnell **156** © Gilles Reboisson **158** Marathon de Sydney - © Chris Huang Photography **161** Marathon de Moorea - © Marathon de Moorea **162** à **165** © UTMB World Series - Tarawera Ultramarathon by UTMB® **166-167** © UTMB World Series - Ultra-Trail Australia by UTMB® **168** North Pole Marathon - © Mark Conlon/North Pole Marathon **171** à **173** The last Desert - © Racing The Planet **174** Courtesy Chicago 5k Run - finish line
Photo de couverture et illustrations (traces de pas): Shutterstock.com

Direction: Guillaume Pô
Direction éditoriale: Élisabeth Pegeon
Édition: Sandrine Vincent
Corrections: Le Champ rond
Direction artistique: Isabelle Mayer
Mise en page: Jennifer Faisant
Direction de fabrication: Thierry Dubus
Suivi de fabrication: Marie Guibert
1re édition - N° d'édition: 23L0490

ISBN: 979-1-0271-0765-0
Code MDS: VA07650

Achevé d'imprimer en France, en septembre 2023 sur du papier issu de forêts en gestion durable, par Sepec Agm, ZI rue Gutemberg 76440 Forges-les-eaux, un imprimeur labellisé pour ses pratiques respectueuses de l'environnement.

Dépôt légal: octobre 2023
www.vagnon.fr